跨境电子商务实训系列

U0738332

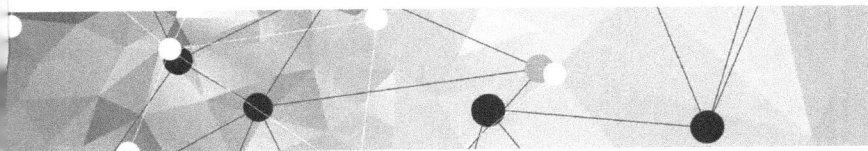

Dianzhi Shangwu Jichu
Shiyan Jiaocheng

电子商务基础
实验教程

黄海滨 / 主编

ZHEJIANG UNIVERSITY PRESS
浙江大学出版社

图书在版编目(CIP)数据

电子商务基础实验教程 / 黄海滨主编. —杭州：浙江
大学出版社，2016.2 （2024.7重印）
　　ISBN 978-7-308-15001-9

　　Ⅰ.①电… Ⅱ.①黄… Ⅲ.①电子商务—教材
Ⅳ.①F713.36

　　中国版本图书馆 CIP 数据核字（2015）第 190488 号

电子商务基础实验教程

黄海滨　主编

丛书策划	朱　玲
丛书主持	曾　熙
责任编辑	朱　玲
封面设计	春天书装
责任校对	杨利军　仲亚萍
出版发行	浙江大学出版社
	（杭州市天目山路 148 号　邮政编码 310007）
	（网址：http://www.zjupress.com）
排　　版	杭州林智广告有限公司
印　　刷	广东虎彩云印刷有限公司绍兴分公司
开　　本	787mm×1092mm　1/16
印　　张	8.75
字　　数	145 千
版 印 次	2016 年 2 月第 1 版　2024 年 7 月第 5 次印刷
书　　号	ISBN 978-7-308-15001-9
定　　价	35.00 元

总　序

　　跨境电子商务是围绕国家"一带一路""中国制造"等战略的贸易产业新模式，是中国商品实现全球市场"贸易通"的重要路径，是"互联网十"助力传统贸易转型的具体形式，国务院总理李克强多次强调要大力发展跨境电子商务。当今经济社会，跨境电子商务人才奇缺，优秀的跨境电子商务人才可以说是一将难求。然而，高校在跨境电子商务人才培养方面存在的一个重要问题是缺乏系统性的跨境电子商务系列实训教材，导致高校跨境电子商务实践教学无法满足经济社会的需求。

　　浙江师范大学文科综合实验教学中心是国家级实验教学示范中心，紧跟国家经济发展战略的重点领域，对接以义乌为中心的浙中区域经济发展特色，在全国领先将跨境电子商务虚拟仿真实验教学作为学校实验教学的重点新兴发展领域，成立了跨境电子商务虚拟仿真实验教学分中心。中心与义乌的中国小商品城集团股份有限公司、阿里巴巴全球速卖通、浙江金义邮政电子商务示范园、金华跨境通等企业开展深度校企合作。中心组织师资团队对跨境电子商务行业领域开展了广泛的调研，明确了跨境电子商务人才所需具备的基本技能与专业技能，并针对这些技能开发跨境电子商务实训系列教材，从而为提高高校跨境电子商务人才培养的教学，尤其是实验教学起到促进作用。

　　跨境电子商务实训系列教程既可以作为高校电子商务、国际贸易、市场营销等专业的相关实践类课程或理论与实践相结合课程教学的参考教材，也可以作为

1

跨境电子商务从业人员培训或自学的参考教材。计划出版的跨境电子商务实训系列教程全套共 15 本,第一期已完成出版的实验教程有 7 本,分别为:《跨境电子商务平台选择与运营仿真实验教程》(段文奇主编)、《跨境电子商务支付与结算实验教程》(冯潮前主编)、《国际贸易实务仿真模拟实验教程》(徐燕主编)、《物流与供应链虚拟仿真实验》(曹清玮主编)、《电子商务基础实验教程》(黄海滨主编)、《网页设计与制作实验教程》(许德武主编)、《数据库技术与应用实验教程》(张俊岭主编)。第二期将继续推进出版的实验教程有 8 本,分别为:《跨境电子商务运营数据分析与优化实验教程》《跨境网络营销与推广仿真实验教程》《B2C 跨境电子商务运营决策与流程仿真实验教程》《B2B 跨境电子商务国际物流仿真实验教程》《义乌购出口跨境电子商务运营实操教程》《进口跨境电子商务运营实操教程》《程序设计实验教程》《移动电子商务开发实验教程》。

跨境电子商务实训系列教程的出版是浙江师范大学跨境电子商务虚拟仿真实验教学中心师资团队集体智慧的结晶,本人作为这套系列教程体系的设计者和组织者,对大家的辛勤付出深表敬意。教材出版过程中还得到了浙江师范大学实验室管理处林建军处长、潘蕾副处长,浙江师范大学经济与管理学院郑文哲教授、包中文主任,浙江大学出版社金更达编审、朱玲编辑等出版社工作人员等的大力支持,在此一并感谢。

跨境电子商务虚拟仿真实验教学中心主任　孙　洁
2015 年 7 月 6 日

目录

第一章　电子商务基础实验教学概述

一、电子商务实验教学的意义

电子商务实验教学是电子商务专业教学的重要组成部分,组织好电子商务实验教学对于帮助学生掌握电子商务基础知识和专业技能,培养学生电子商务的全局观念,树立学生创新意识具有十分重要的意义。要组织好电子商务实验教学,必须先对电子商务教学的意义有一个清晰的认识。

目前电子商务专业人才缺乏,大部分高校在电子商务人才培养过程中比较注重对学生信息网络技术的训练,对管理和商务技能的实训力度不够,对利用信息技术创新商务模式的能力的培养有待加强。实际上,企业缺乏的正是那些能够将技术较好地运用到商务活动实践中,能够在日常商务活动中创新商务运行模式的专业人才。因此,电子商务专业人才培养不但要求学生掌握计算机及网络相关知识和技能,还要求学生掌握电子商务主要商业模式的应用及管理,掌握电子商务常用工具的使用,掌握网络营销技巧与方法,熟悉电子商务运作环境,具有商务创新意识与能力,成为合格的电子商务专业人才。因此,在电子商务教学体系中,应注意加强引导学生在商务流程、商务模式和商务工具相结合方面的技能训练。

二、电子商务实验教学的目标

(一)促进学生掌握电子商务理论知识

电子商务专业教学内容涵盖了电子商务基础知识和各种专业技能,包括电子商务模式、技术、物流、支付、安全和法律法规等。由于涉及面广,内容繁杂,技术与理论知识更新速度快,学生觉得技术、物流、支付、安全等教学内容比较抽象,学习效果不是十分理想。实验教学可以让学生从感性上加深对理论知识的理解。

（二）培养学生的电子商务操作技能

电子商务人才培养重在应用和实践能力的提高。这要求学生熟悉电子商务专业技能和商务环境,熟练运用电子商务工具,在应用中不断增强创新能力。

（三）培养学生的创新能力

电子商务是基于信息技术和网络技术的新型经济活动,层出不穷的新技术孕育着新商务模式,谁能把握新的商务模式,谁就有可能在竞争中占据主导地位。电子商务专业人才应能敏锐地面对不断出现的新技术和纷繁复杂的商务环境,能够抓住机会,大胆创新。创新能力需要在教学过程中逐渐形成,不断积累,勇于实践。电子商务实验教学可通过网上开店、网络营销等实践环节培养学生创新创业能力。

（四）树立学生的初步创业意识

电子商务应用的深化以及商务环境的不断完善为企业开拓创新提供了广阔的市场,资本、人才等纷纷涌入电子商务领域。培养学生的创业能力,除了要培养学生的创新基础知识和技能外,还要培养学生树立创业信心和意识,加强学生创业方面的实践训练。在电子商务实验教学过程中,可通过网上开店等真实创业实践,增加学生的创业经验,调动学生主动学习的积极性,激发学生的创业潜能。

三、电子商务实验教学的现状

（一）实验教学内容较为宽泛,重点不够突出

电子商务专业课程知识面广,教学内容多,涵盖电子商务基础知识、电子商务相关技术、支付技术、网站建设与管理、数据库应用、物流管理、安全管理等,内容涉及多个学科门类。大部分学校电子商务实验较注重技术开发与设计应用方面的实验,但对商务流程和商业模式方面的应用实验往往较为忽视,特别是较少结合电子商务与商务管理和应用方面的实验,导致学生将电子商务技术应用于工商企业管理实际的能力不足,一定程度上影响了人才的培养质量。

（二）过多强调模拟仿真，忽略真实的电子商务实践环境

目前，不少学校购买了电子商务模拟软件，以此构建电子商务实验环境，这样做的好处是可以对电子商务活动流程有一个完整的认识，可以对实验过程进行有效的控制。但不足之处显而易见，模拟系统模式固化，缺少创新机制；某些软件流程过于简单，设计落后，不能反映电子商务活动的真实面貌；由于技术与成本原因，大部分软件提供的模拟环境与真实的电子商务环境相去甚远，不能为学生提供真正开展电子商务活动所需的环境再现及工具训练，学生上完模拟系统设置的实验课后训练作用不明显；各学校采用的模拟系统不一，无法建立统一的专业技能评判标准与规范。实际上，随着近几年电子商务环境的不断完善，电子商务应用的不断普及，现有的互联网条件已经能充分满足电子商务基础实验教学的需要，利用真实的互联网环境来开展电子商务实践教学具有更好的实操性和真实性，效果更为明显。

（三）强调商务流程实验，忽略商务模式实验

目前的电子商务实验教学，对 B2C、C2C、B2B 等电子商务流程的实验比较重视，通过实验手段较好地再现主要商务模式的业务流程，对电子商务活动主体在商务活动中的作用与地位有清晰认识，有利于学生理解电子商务流程。但对电子商务商业模式特别是盈利模式进行分析的实验较少，而盈利模式王是电子商务创新的基础，分析理解商业模式对于学生创新、创业能力的培养是十分重要的。

（四）实验教学内容与企业活动脱节

电子商务专业是实践性很强的专业，在实验教学中，如果能与企业经营管理活动相结合，效果将十分明显。但获取企业经营活动的流程和数据较为困难，利用案例对一些典型企业进行分析，可以帮助学生更好地理解电子商务活动的基本过程，分析成功经验与失败原因，对学生知识的巩固和应用十分重要。因此，通过电子商务实验教学课程中设置网上开店、电子商务案例分析等实验，将实验教学内容与企业经营活动相联系，可以让学生切实体会到电子商务的巨大作用，提高实践能力和应用水平。

四、电子商务基础实验教学的设计原则与思路

本实验教材基于以下原则设计电子商务基础实验教学体系：强调真实电子商

务运行环境和商务工具的应用；突出商务流程和商务模式的实验；注重商务模式分析与网络数据调研方面的实验教学；重视学生商务模式创新能力的培养；培养创业创新意识，强化网上创业实践。

具体实验教学体系的设计思路是，基于真实互联网环境与场景，构建相对完整的电子商务基础实验体系，在此环境下完成商务流程和商业模式的实验，强调对电子商务常用基本工具的运用和掌握，对于流程和各商业模式的后台管理则不刻意强调；通过实验引导学生熟悉电子商务环境和应用，结合实体经济进行商务模式的创新，对于电子商务模式的后台管理主要通过登录淘宝网的店铺管理、阿里巴巴网的"我的阿里"等进行管理和体验。同时，网上经营时要注意培养学生对知识产权的保护意识，鼓励学生结合自身优势参与电子商务创新活动。

五、电子商务基础实验体系设计

根据电子商务专业实验教学目的，按照前述构建实验教学体系的原则，结合多年实际教学经验，本课程所构建电子商务实验教学体系注重对学生能力的培养，提高学生的实际应用能力和水平，强化实操重点，结合模拟与实训，强调对商务模式应用和实用商务工具的掌握。本实验教学体系分为电子商务环境、电子商务工具应用、电子商务商业模式应用、电子商务创业实验等模块。各模块主要内容和功能简述如下。

（一）电子商务环境模块

该模块主要让学生学习掌握电子商务的环境因素，开展电子商务活动的真实支撑环境所涉及的支付、安全、物流等主要实验教学内容。由于互联网接入、邮件收发等基础都已成学生的普遍技能，本实验教程并不涉及。本模块主要包括网上银行实验、第三方支付实验、新型互联网金融及理财、电子商务安全、电子商务物流等实验内容。

（二）电子商务工具应用模块

该模块主要让学生掌握开展电子商务常用工具的使用方法，工具使用与商务活动紧密结合。该模块主要安排商务信息检索、网络广告与网络营销等实验。

（三）电子商务商业模式应用模块

该模块以熟悉主流电子商务商业模式及其主要应用为目的，选择典型电子商务公司或网站平台,在互联网环境下通过实际操作体验各商业模式的基本业务流程及管理,并通过实验熟悉各电子商务商业模式的盈利模式。主要包括 B2C 网上购物、C2C 网上拍卖、B2B 网上贸易、O2O 网络团购等电子商务实验。

（四）电子商务网上创业实验模块

该模块主要依托目前主流的电子商务平台如淘宝网,让学生组成团队在网上开店,体验网上创业的全过程,培养学生创新、创业意识,提高团队合作能力、沟通能力,培养服务意识、吃苦耐劳精神等,并促进学生在实践中发现不足,自觉学习,提高学习能力和知识的综合运用水平。该模块主要包括网店开设、网店装修、网店推广、网店运营管理等实验。

六、电子商务实验的分类

（一）按学生参与程度分类

（1）演示性实验。这种实验主要起引导学生入门的作用,增强学生对专业知识的感性认识,例如,演示网上交易流程、演示企业网上银行的功能等。

（2）模拟性实验。这类实验在于模拟实际的电子商务活动,使学生参与到虚拟的电子商务商业活动中,增强对商业活动的直接感受,如模拟网络营销、网上购物、企业网银使用等。

（3）设计性实验。这种实验针对目标功能,参考有关范例,提出自己的设计思想和方案,如网络营销方案设计、网店页面设计等。

（4）创新性实验。这种实验着眼于引导学生发现问题、正确提出问题、大胆提出假设、周密设计方案。电子商务的创新实验不着眼于发现科学原理,而在于提出新商业模式,它往往与设计性实验密切相关。

（二）按电子商务知识层次分类

1. 认知性实验

认知性实验在于对知识点的实践现象加以确认,达到从现象上理解知识,让学生能够直观和感性认知"是什么"和"不是什么"。在手段上,它主要借助于演示性实验和有一定程度学生参与的模拟性实验。

2. 验证性实验

验证性实验在于对知识点,特别是对规律和原理性的知识用实验结果进行验证,通过改变变量的数值和环境,观察和分析实验结果,通过对规律、原理的验证,达到加深知识理解的目的。验证性实验一般需要在一定的模拟环境下进行。

3．应用性实验

应用性实验着眼于知识和运用,是将与专业有关的知识有意识地运用于某些技术目标、系统设计目标和虚拟的商业活动,它着眼于重视环境、构建环境和动手建造环境,它是局部性的设计和制作,但仍然可以有自己的设计思想。应用性实验是通过模拟性实验、设计性实验完成的。

4．创新性实验

创新性实验在于学生自主地综合应用专业知识,完成与商业实践有关的实验活动,它不局限于现有知识,而是以理论知识为基础,针对观察到的新现象,提出新问题,发现新的经营模式和商业机会。综合性实验可以分为综合运用实验、综合创新实验、创业实验。综合运用实验即在应用性实验基础上,综合多门课程的知识完成一项具有一定实际应用价值的设计,如校园二手货电子交易市场;综合创新实验即在基本训练完成以后,提出新的技术实现方式、新的商业理念和经营模式,或者在分析现有经营模式的基础上,提出新的设计思想并进行实验;创业实验即在创新实验的基础上,完善系统设计,提出商业计划,运筹创业资源。由于综合实验规模较大,且有助于训练学生的合作能力,因此该实验特别强调学生以团队方式来组织实验。

七、电子商务实验报告的写作

电子商务实验报告一般由电子商务实验目的与要求、实验内容与步骤、实验结果与数据记录、实验结论与体会等部分组成。

（一）实验报告的组成

（1）实验目的与要求。实验目的是指实验预期能达到的目标和要解决的问题。例如,个人网上银行实验的目的主要是申请开通网上银行,学会网上银行的基本应用。要求主要是开通网上银行、明确网上银行的主要功能和应用、安全使用网上银行等。

（2）实验内容、方法与步骤。实验内容主要概括实验的主要内容,实验方法指实验操作规则,实验步骤用来说明实验操作的主要过程。

（3）实验结果与数据记录。实验过程得到的数据、事件和描述需要记录下来，对于异常的数据也要据实记录，因为在这些数据中可能存在着没有发现的规律。

（4）实验结论与体会。学生要总结对所做实验的看法以及实验的收获和体会。对于实验结果要进行分析，得出结论。如发现问题，则应给出解决方案或改进建议。

（二）学生实验报告样表

下面给出一份电子商务学生实验报告样表供参考，见表 1-1。

表 1-1　学生实验报告表

实验课程		实验项目名称	
实验时间		实验地点	
学生姓名		学号	
实验目的与要求			
实验内容、方法和步骤			
实验结果与数据			
实验收获与体会			
教师评语			
实验成绩		教师签名	

第二章　电子商务环境实验

实验一　个人网上银行业务

一、实验目的

(1) 掌握电子银行支付流程,了解电子银行的相关知识;

(2) 认识网上银行的安全性。

二、实验内容

申请开通个人网上银行,通过真实的账户查询和转账操作实验,体验网上银行的优势,认识网上银行的安全性,学会网上银行的基本应用,提高对网上银行的认识。

(1) 浏览某银行网站(实验步骤中以中国工商银行为例);

(2) 了解个人网上银行业务的服务内容和功能;

(3) 熟悉个人网上银行业务的电子支付流程及有关规定;

(4) 申请开通个人网上银行业务;

(5) 通过个人网上银行进行行内同城转账操作。

三、实验知识准备

（一）网上银行的定义

网上银行又称网络银行、在线银行，是指银行利用互联网技术，通过互联网向客户提供开户、查询、对账、行内转账、跨行转账、信贷、网上证券、投资理财等传统服务项目，使客户足不出户就能够安全便捷地管理活期和定期存款、支票、信用卡及个人投资等。可以说，网上银行是开在互联网上的虚拟银行柜台。

网上银行主要产品与服务：一般说来网上银行的业务品种主要包括基本业务、网上投资、网上购物、个人理财、企业银行及其他金融服务。

（二）网络银行的安全性

1. 安全是网上银行的生命线

"网上银行"系统是银行业务服务的延伸，客户可以通过互联网方便地使用商业银行核心业务服务，完成各种非现金交易。但另一方面，互联网是一个开放的网络，银行交易服务器是网上的公开站点，网上银行系统也使银行内部网向互联网敞开了大门。因此，如何保证网上银行交易系统的安全，关系到银行内部整个金融网的安全，这是网上银行建设中至关重要的问题，也是银行保证客户资金安全的最根本的考虑。

2. 网上银行的技术安全措施

由于互联网是一个开放的网络，客户在网上传输的敏感信息（如密码、交易指令等）在通信过程中存在被截获、被破译、被篡改的可能。为了防止此种情况发生，网上银行系统一般都采用加密传输交易信息的措施，使用最广泛的是 SSL 数据加密协议。

为防止交易服务器受到攻击，银行主要采取以下三种技术措施：①设立防火墙，一般采用多重防火墙方案。②安全服务器，服务器使用可信的专用操作系统，凭借其独特的体系结构和安全检查，保证只有合法用户的交易请求能通过特定的代理程序送至应用服务器进行后续处理。③24 小时监控，例如采用 IIS 网络动态监控产品，进行系统漏洞扫描和实时入侵检测。

（三）用户身份校验

在网上银行系统中，用户的身份认证依靠基于"RSA 公钥密码体制"的加密机制、数字签名机制和用户登录密码的多重保证。银行对用户的数字签名和登录密码进行检验，全部通过后才能确认该用户的身份。用户的唯一身份标识就是银行签发的"数字证书"。用户的登录密码以密文的方式进行传输，确保了身份认证的安全可靠性。

常用的用户身份认证介质有：密码、文件数字证书、动态口令卡、动态手机口令、移动口令牌、移动数字证书（如工行 U 盾）等。

（四）网上银行业务的优势

一是大大降低银行经营成本，有效提高银行营利能力。开办网上银行业务，主要利用公共网络资源，不需设置物理的分支机构或营业网点，减少了人员费用，提高了银行后台系统的效率。

二是无时空限制，有利于扩大客户群体。网上银行业务打破了传统银行业务的地域、时间限制，具有 3A 特点，即能在任何时候（anytime）、任何地方（anywhere），以任何方式（anyhow）为客户提供金融服务，这既有利于吸引和保留优质客户，又能主动扩大客户群，开辟新的利润来源。

三是有利于服务创新，向客户提供多种类、个性化服务。通过银行营业网点销售保险、证券和基金等金融产品，往往受到很大限制，主要是由于一般的营业网点难以为客户提供详细的、低成本的信息咨询服务。利用互联网和银行支付系统，容易满足客户咨询、购买和交易多种金融产品的需求，客户除办理银行业务外，还可以很方便地在网上买卖股票、债券等，网上银行能够为客户提供更加合适的个性化金融服务。

四、实验方法与步骤

（1）登录中国工商银行网站（http://www.icbc.com.cn），阅读了解电子银行章程、网上个人银行交易规则、安全措施、收费标准等内容，了解网银开通流程，如图 2-1 所示。

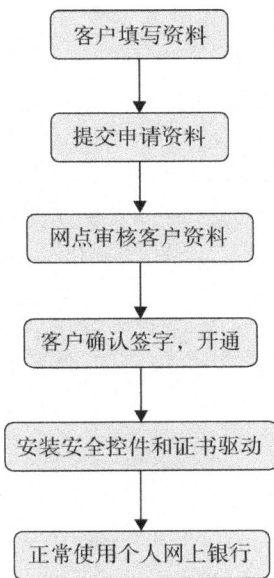

图 2-1 个人网银开通流程

（2）在首页上点击个人网上银行"申请"按钮，按提示下载安装系统补丁程序。

（3）按提示点击"同意协议"，并点击"下一步"。

（4）输入自己的银行卡卡号及相关信息，并设置登录网上银行的密码后提交。

（5）网上申请成功后，持有关身份证件和银行卡到工商银行柜台完成网下签约，开通网上支付与转账功能。申请动态电子口令卡或 U 盾等安全验证方式；如采用 U 盾支付，按提示进行数字证书下载与安装，并设置 USB-KEY 的个人密钥（建议登录密码和 USB-KEY 的密码都设为 10 位以上的字母加数字组合，并注意保密）。

（6）登录工行主页，点击"个人网上银行"登录，下载安装"工行网银助手"，在登录界面输入账号、密码等信息后点击"确认"。

（7）进入自己的网上银行账户后，点击查看相关的功能，如图 2-2 所示，查询账户资金余额和账户明细。

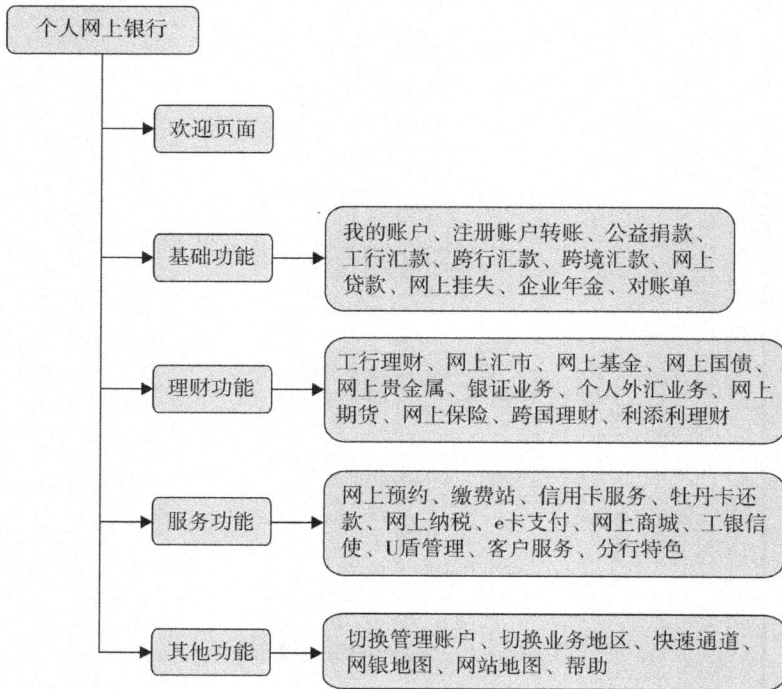

图 2-2　工行个人网银主要功能结构

（8）开通 e 卡（e 卡是网上购物支付时使用的一种无实物借记支付卡），开通流程如图 2-3 所示，开通后进行银行卡对 e 卡的充值或转出操作。

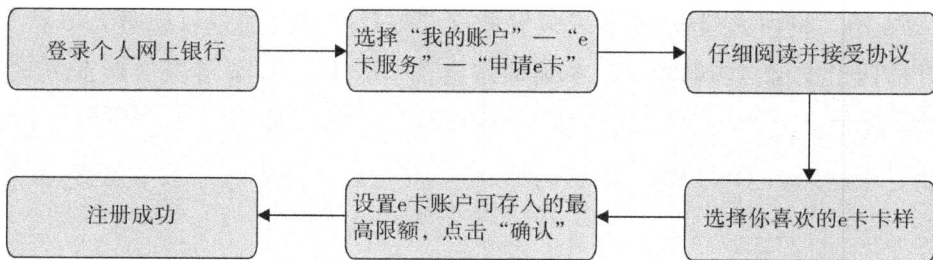

图 2-3　e 卡开通流程

（9）了解账户管理的功能，并有选择地进行账户管理操作，如图 2-4 所示。

（10）尝试与使用同一银行银行卡的同学相互进行小额资金的网上同城转账，汇款流程如图 2-5 所示。

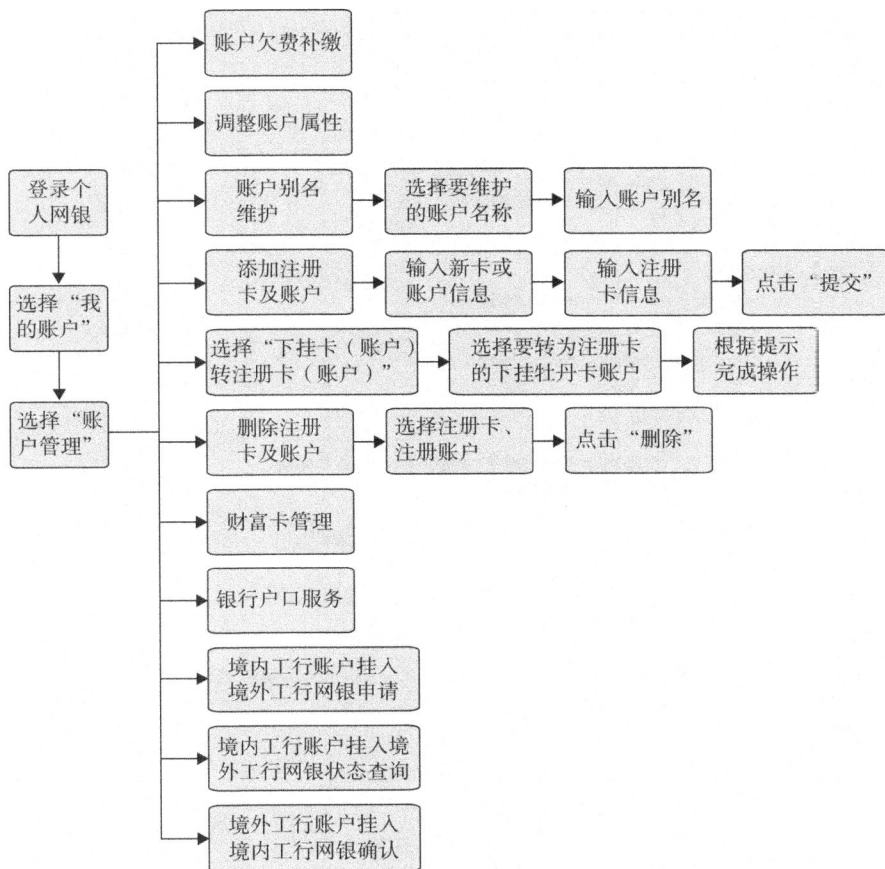

图 2-4 账户管理功能及流程

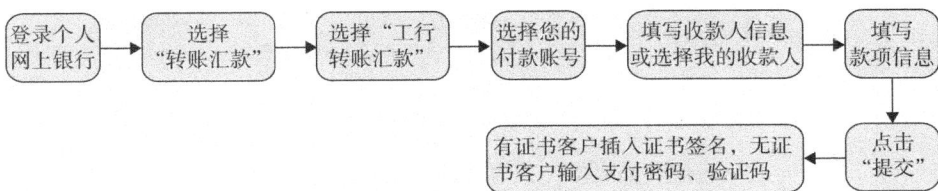

图 2-5 工行网银汇款流程

①汇款信息页如图 2-6 所示。

②汇款信息提交后汇款信息及用户校验页如图 2-7、图 2-8 所示，插入 U 盾并输入 U 盾密码，再输入验证码后提交（注：该验证码为系统随机从收款账号中选出并用不同颜色标注的四位数字）。

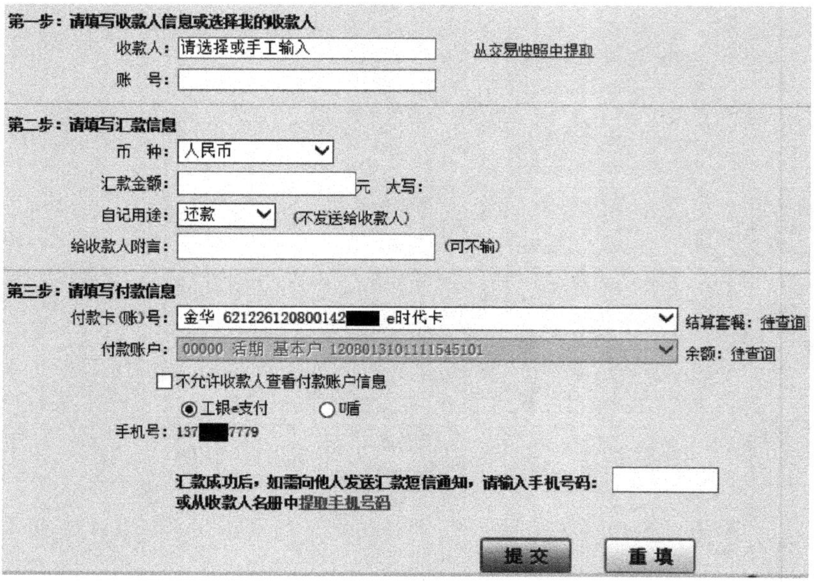

图 2-6　工行网银转账汇款信息页

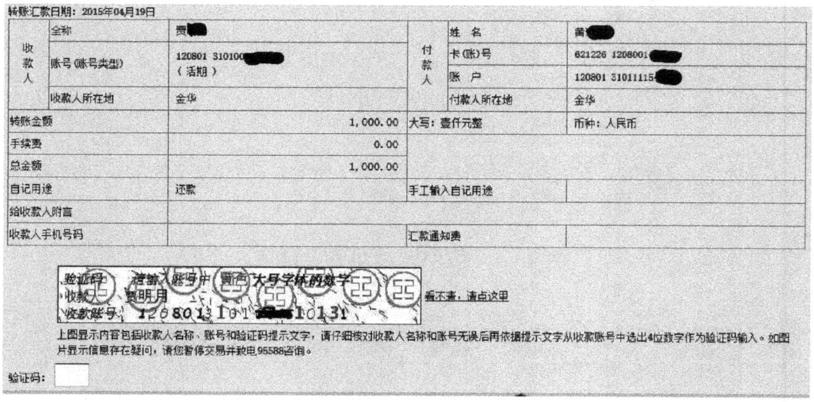

图 2-7　转账汇款信息校验

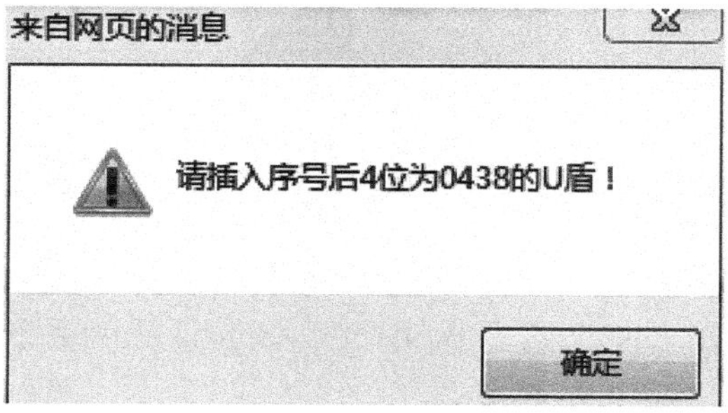

图 2-8　U盾用户身份校验

五、实验要求

(1) 使用网银时的安全风险提示如下:

① 每次使用网上银行后,请点击页面右上角的"安全退出"结束使用,并拔出 U 盾妥善保管。

② 网上购物进行支付时,不要开启 QQ 等工具的远程协助功能,一定要在核对支付金额和订单金额无误后再确认支付。

③ 在登录网上银行和进行网上支付时,尽量不要通过搜索引擎搜索银行网站,要注意防范假冒银行网站的欺诈。

④ 如果使用"U 盾＋短信认证"或"电子银行口令卡＋短信认证"的业务模式,请在交易过程中认真核对短信发送编号、收方账号和交易金额等信息是否与正在进行的交易事项一致。

⑤ 请不要点击对方通过 QQ、阿里旺旺、E-mail 等发过来的付款链接。

(2) 学生需自己准备一张银行卡。用于网上银行实验的每台计算机应该安装有最新的杀毒软件和防火墙。

(3) 根据实验情况写出实验报告,要求实验报告能记录实验的主要操作过程和结果,并能通过实验谈谈自己的收获或体会、建议等。

六、思考题

(1) 怎么理解"互联网时代银行业是必需的,但银行是完全没有必要的"这句话?

(2) 如何安全使用网银?

实验二　企业网上银行业务

一、实验目的

(1) 掌握企业网上银行的支付流程;

(2) 认识企业网上银行的安全性。

二、实验内容

通过模拟企业网上银行的账户查询和转账操作实验,体验企业网上银行的优势,认识企业网上银行的安全性,明确企业网上银行的主要功能和基本应用。

(1) 浏览某银行网站(实验步骤中以中国工商银行为例);

(2) 了解企业网上银行业务的服务内容和功能;

(3) 通过企业网上银行演示版体验企业网银的应用。

三、实验知识准备

企业网上银行是银行面向企业用户开发的一种网上银行服务,通过互联网或专线网络,为企业客户提供账户查询、转账结算、在线支付等金融服务的渠道。相对于个人网银而言,企业网银拥有更高的安全级别,更多针对企业的功能等。

企业网银这个不容小觑的电子渠道,正快速发展成为企业现有运营模式的革新力量,是帮助客户稳步进入电子贸易新时代的强有力助推器,也是帮助客户以及他们的贸易伙伴在贸易交易过程中实现效益最大化和资源最优化的有效金融工具。

企业网上银行能为中小企业、集团企业、金融机构、社会团体和行政事业单位提供账户管理、集团理财、收款业务、付款业务、信用证业务、贷款业务、投资理财等服务。

四、实验方法与步骤

(1) 登录中国工商银行网站(http://www.icbc.com.cn),点击页面左上角的企业网上银行"指南",阅读了解企业网上银行的业务概述、适用对象、特色优势、开办条件、开通流程、收费标准等内容。开通流程如图 2-9 所示。

普及版登录:进入工行网站主页——选择企业网上银行登录——选择企业网上银行普及版登录——输入卡号、密码和验证码——点击"登录"进入。

仔细阅读有关资料

准备申请资料

向开户网点提交申请资料

等待网点审核通过

领取客户证书和密码信封

安装安全控件和证书驱动

正常使用企业网上银行

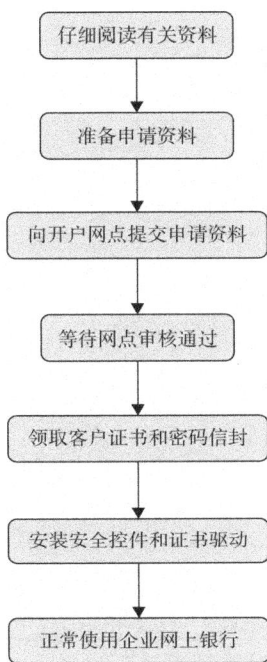

图 2-9 企业网银开通流程

证书版登录：进入工行网站主页—选择企业网上银行登录—插入企业网上银行证书—选择企业网上银行登录—选择证书—输入证书密码—点击"确定"进入。

（2）通过操作指南，了解企业网上银行的主要业务功能，如图2-10所示。

（3）点击"服务导览"下的"安全服务"链接，了解安全证书和证书申领、证书安装、证书使用等说明。

（4）回到首页，点击企业网上银行登录按钮下面的"演示"链接，进入"演示中心"，点击"功能演示"按钮，学习了解企业网银"收款业务""付款业务""集团理财"等主要功能和操作演示视频。

（5）点击"模拟操作"，按提示学习使用"明细查询""账户余额""收款业务""付款业务""集团理财""网络融资""投资理财""企业年金"等模拟应用。

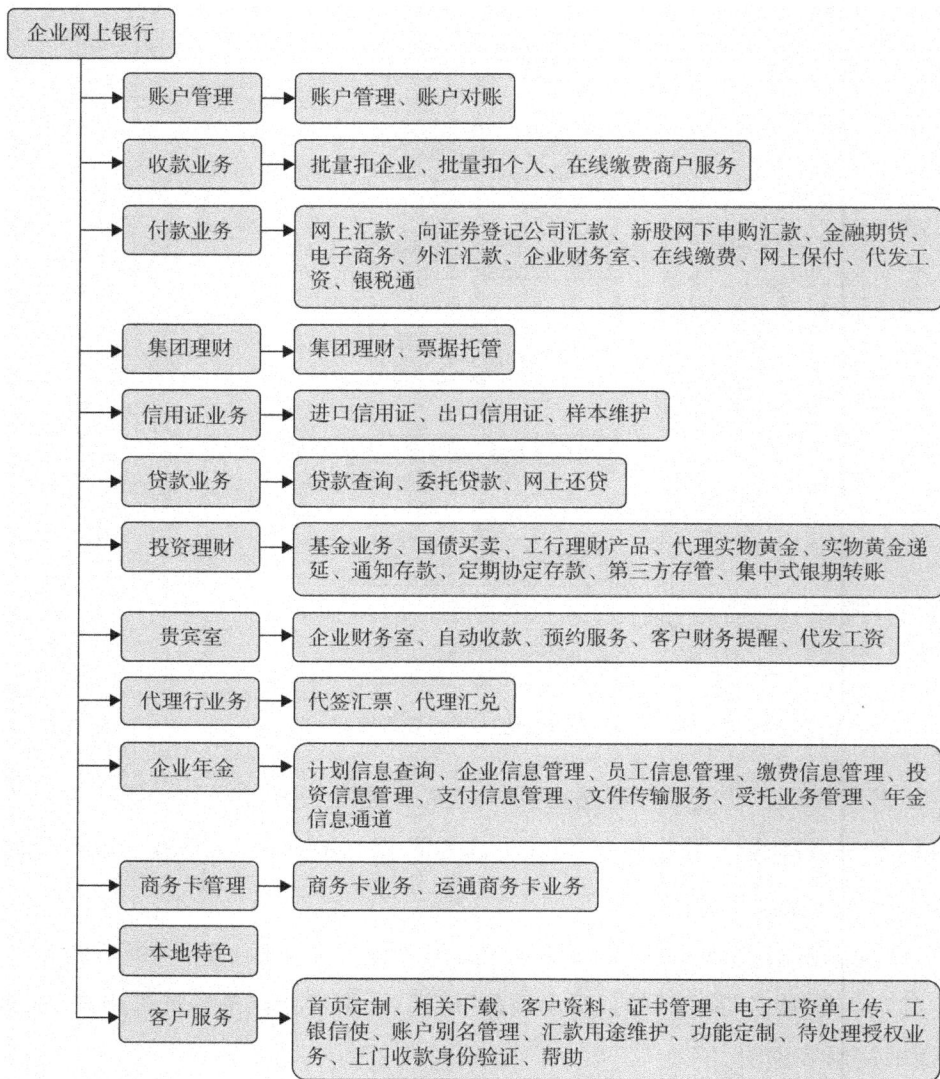

图 2-10 工行企业网银业务功能结构

五、实验要求

（1）根据实验情况写出实验报告,内容包括实验的操作过程、结果和体会。

（2）要求实验报告能记录实验的主要操作过程和结果,并能通过实验谈谈自己的收获或体会、建议等。

六、思考题

（1）企业网上银行有哪些业务功能？

（2）企业网上银行给企业带来哪些好处？

实验三　第三方支付

一、实验目的

（1）了解电子货币的特点，体验电子货币的应用，感受电子货币的特点和优势。

（2）认识第三方支付平台的支付流程。

二、实验内容

通过支付宝账户和快钱账户的申请与实名认证，学会利用支付宝进行网上支付和移动支付。

（1）申请支付宝账户，并完成支付宝实名认证；

（2）下载安装支付宝钱包，体验移动支付；

（3）注册快钱账户，了解快钱的主要功能。

三、实验知识准备

（一）第三方支付的定义

第三方支付，就是一些和产品所在国家以及国内外各大银行签约，并具备一定实力和信誉保障的第三方独立机构提供的交易支付的中介平台。

（二）第三方支付产生原因

传统的支付方式往往是简单的即时性直接付转，一步支付。其中钞票结算和票据结算适配当面现货交易，可实现同步交换；汇兑结算中的电汇及网上直转也是一步支付，适配隔面现货交易，若无信用保障或法律支持，异步交换会引发非等价交换风险,现实中买方先付款后不能按时按质按量收获标的,卖方先交货后不能按时如数收到价款,拖延、折扣或拒付等引发经济纠纷的事件时有发生。

在现实的有形市场,异步交换权可以附加信用保障或法律支持来进行,而在虚拟的无形市场,交易双方互不认识,不知根底,故此,支付问题曾经是电子商务发展的瓶颈之一:卖家不愿先发货,怕货发出后不能收回货款;买家不愿先支付,担心支付后拿不到商品或商品质量得不到保证。博弈的结果是双方都不愿意先冒险,网上购物无法进行。

因此,为迎合同步交换的市场需求,第三方支付应运而生。

(三)第三方支付的实现原理

第三方机构与各个主要银行之间签订有关协议,使得第三方机构与银行可以进行某种形式的数据交换和相关信息确认。这样第三方机构就能实现在持卡人或消费者与各个银行,以及最终的收款人或者是商家之间建立一个支付的流程。

第三方是买卖双方在缺乏信用保障或法律支持的情况下的资金支付"中间平台",买方将货款付给买卖双方之外的第三方,第三方提供安全交易服务,其运作实质是在收付款人之间设立中间过渡账户,使款项实现可控性停顿,只有双方意见达成一致才能决定资金去向。第三方承担中介保管及监督的职能,并不承担什么风险,所以确切地说,这是一种支付托管行为,通过支付托管实现支付保证。

在通过第三方平台的交易中,买方选购商品后,使用第三方平台提供的账户进行货款支付,由对方通知卖家货款到达、进行发货;买家收到、检验物品后,就可以通知第三方平台付款给卖家。第三方支付平台的出现,从理论上讲,杜绝了电子交易中的欺诈行为。在第三方支付交易流程中,支付模式使商家看不到客户的信用卡信息,同时又避免了信用卡信息在网络上多次公开传输而导致信用卡信息被窃。

(四)第三方支付特点

第一,第三方支付平台提供一系列的应用接口程序,将多种银行卡支付方式整合到一个界面上,负责交易结算中与银行的对接,使网上购物更加快捷、便利。

消费者和商家不需要在不同的银行开设不同的账户,可以帮助消费者降低网上购物的成本,帮助商家降低运营成本;同时,还可以帮助银行节省网关开发费用,并为银行带来一定的潜在利润。

第二,较之 SSL、SET 等支付协议,利用第三方支付平台进行支付操作更加简单而易于接受。SSL 是应用比较广泛的安全协议,在 SSL 中只需要验证商家的身份。SET 协议是基于信用卡支付系统的发展得比较成熟的技术。但在 SET 中,各方的身份都需要通过 CA 进行认证,程序复杂,手续繁多,速度慢且实现成本高。有了第三方支付平台,商家和客户之间的交涉由第三方来完成,网上交易变得更加简单。

第三,第三方支付平台本身依附于大型的门户网站,且以与其合作的银行的信用作为信用依托,因此第三方支付平台能够较好地突破网上交易中的信用问题,有利于推动电子商务的快速发展。

(五)第三方支付流程(以 B2C 交易为例)

第一步,客户在电子商务网站上选购商品,最后决定购买;

第二步,客户选择第三方支付平台作为交易中介,用信用卡将货款划到第三方账户;

第三步,第三方支付平台将客户已经付款的消息通知商家,并要求商家在规定时间内发货;

第四步,商家收到通知后按照订单发货;

第五步,客户收到货物并验证后通知第三方;

第六步,第三方将其账户上的货款划入商家账户中,交易完成。

(六)主流品牌

我国央行对第三方支付平台实行牌照制,只有取得第三方支付许可证的平台才能开展第三方支付业务。目前,国内的第三方支付产品主要有支付宝、拉卡拉、财付通、微付通(微付天下)、PayPal、中汇支付、微信支付、盛付通、腾付通、通联支付、易宝支付、中汇宝、快钱、国付宝、百付宝、物流宝、网易宝、网银在线、环迅支付 IPS、汇付天下、汇聚支付、宝易互通、宝付、乐富。其中用户数量最大的是 PayPal 和支付宝,前者主要在欧美国家流行,后者是阿里巴巴旗下产品。

四、实验方法与步骤

(1) 登录支付宝网站(https://www.alipay.com),点击页面右上角的"注册"。

(2) 选择"手机号码注册"或"E-mail 注册"方式,填写真实的手机号码、E-mail 地址、姓名等信息,设置好登录密码,阅读"支付宝服务协议"并点击"同意"。

(3) 通过手机接收验证短信并输入收到的校验码进行验证,再进入邮箱收取确认信件点击确认链接,支付宝账户即可激活成功。

(4) 登录支付宝账户,补全账户信息,包括身份证号、密码保护问题、支付密码等。

(5) 支付宝实名认证。

登录支付宝账户,点击"立即认证",填写真实姓名、身份证信息、支付密码,点击"下一步",确认姓名和身份证号码无误,点击"确定",系统自动进行实名制校验。

通过身份信息验证后,进入银行卡信息验证页面,填写银行卡相关信息(支持银行:所有支持开通快捷支付的银行卡均可),校验成功点击"下一步",系统发送短信校验,接受并填写校验码完成校验。

若注册手机号码与银行卡银行预留手机号码不一致,信息验证未成功,则选择支付宝给该银行卡打款方式校验,点击"下一步",支付宝会给该银行卡进行打款验证(打款时间:1～2 天);2 天后收到打款且查询打款金额后,登录支付宝账户,进入认证页面,输入收到的实际打款金额,输入正确后即通过实名认证。

(6) 再次登录支付宝账户,下载安装支付宝数字证书。

(7) 点击"立即充值",通过网上银行给支付宝账户充值一定的金额。

(8) 在手机中下载安装支付宝钱包 App,登录后了解支付宝钱包的功能,了解转账、扫码支付、声波支付(当面付)、亲密付、信用卡还款、生活缴费等功能。如图 2-11 所示。

(9) 在登录后的功能界面点击"转账",可以在手机支付宝钱包中与同学的银行卡或支付宝账户进行相互转账操作。

(10) 登录快钱网站(https://www.99bill.com/website/),页面右上角的"帮助中心",阅读了解快钱的有关知识。

图 2-11　支付宝钱包主要功能

(11) 在首页点击"注册"按钮,进入注册页面,按要求填写如下信息:

①选择账户类型:"个人用户"或者"企业用户"。

②设置登录信息:

电子邮箱:您填写的电子邮箱地址将成为您的快钱账户和默认邮箱地址。

密码:密码长度至少为 6 位,建议采用字母与数字的组合设置密码。

③填写个人信息:

姓名:请填写真实姓名,必须为中文或英文。

手机:请输入正确有效的手机号码。

④设置安全信息:

密码提示问题和答案:这个问题和答案将供您在取回密码时使用。

登陆问候语:为保障账户安全,请设定并牢记登录问候语。在登录时,它将在填写登录密码的页面中出现。如果登录问候语未出现或与设定的不一致,请不要填写密码，以防被骗。

附加码：请正确填写您的附加码。

（12）校验电子邮箱地址：快钱将在您填写信息完成后，发送一封验证邮件至您的注册邮箱。请您立即收取并点击邮件中的链接，完成邮箱验证。

（13）申请成功后登录快钱账户，点击进行实名认证。认证方式有两种选择，第一种是银行卡验证，通过提供真实姓名、银行卡等相关信息，进行免费验证；第二种是身份证验证，通过提供真实姓名、身份证号等相关信息，进行验证。

（14）认证通过后可以进行购物或网上缴费等支付。

（15）通过功能演示（http://www.99bill.com/seashell/html/demo/gr/grzc01.html)学习查看账户管理、交易演示、支付演示、生活缴费等功能及应用。

五、实验要求

（1）根据实验情况写出实验报告，内容包括实验的操作过程、结果和体会。

（2）要求实验报告记录实验的主要操作过程和结果，并通过实验谈谈自己的收获或体会、建议等。

六、思考题

（1）相较于网银支付，第三方支付为何更受用户欢迎？
（2）快钱支付与支付宝支付有何不同？
（3）谈谈移动支付的发展前景。

实验四　新型互联网金融及理财

一、实验目的

了解余额宝、花呗、P2P网贷、众筹等新型互联网金融工具和理财产品，明确互联网理财存在的主要风险，掌握互联网理财的主要流程和投资技巧。

二、实验内容

学习了解互联网金融的发展情况,体验网络金融环境下金融普惠化趋势,体验互联网理财。

(1) 学习了解新型互联网理财的主要功能和业务流程;

(2) 体验余额宝等互联网投资理财产品。

三、实验知识准备

(一) 定义

(1) 互联网金融,是指以依托于电子支付、云计算、社交网络以及搜索引擎、App 等互联网工具,实现资金融通、支付和信息中介等业务的一种新兴金融。互联网金融不是互联网和金融业的简单结合,而是在实现安全、移动等网络技术水平上,被用户熟悉接受后(尤其是对电子商务的接受),自然而然为适应新的需求而产生的新模式及新业务。

互联网金融与传统金融的区别不仅仅在于金融业务所采用的媒介不同,更重要的是金融参与者深谙互联网"开放、平等、协作、分享"的精髓,通过互联网、移动互联网等工具,使得传统金融业务具备透明度更高、参与度更高、协作性更好、中间成本更低、操作上更便捷等一系列特征。

理论上任何涉及广义金融的互联网应用,都应该是互联网金融,包括但是不限于第三方支付、在线理财产品的销售、信用评价审核、金融中介、金融电子商务等模式。互联网金融的发展已经历了网上银行、第三方支付、个人贷款、企业融资等多阶段,并且在融通资金、资金供需双方的匹配等方面越来越深入传统金融业务的核心。

(2) 互联网理财,是指投资者或家庭通过互联网获取商家提供的理财服务和金融资讯,根据外界条件的变化不断调整其剩余资产的存在形态,以实现个人或家庭资产收益最大化的一系列活动。

近几年,以 P2P 网贷模式为代表的创新理财方式受到了广泛的关注和认可,与传统金融理财服务相比,P2P 理财的借款人主体是个人,以信月借款为主。P2P 网贷能帮助小微企业快速安全融资,为大众提供了一个投资理财平台。

当前互联网金融格局,由传统金融机构和非金融机构组成。传统金融机构主要为传统金融业务的互联网创新以及电商化创新、App 软件等,非金融机构则主要是指利用互联网技术进行金融运作的电商企业、P2P 模式的网络借贷平台、众筹模式的网络投资平台、理财类(模式)的手机理财 App(理财宝类)以及第三方支付平台等。

(二)互联网金融的发展模式

(1)信息化金融机构:所谓信息化金融机构,是指采用信息技术,对传统运营流程进行改造或重构,实现经营、管理全面电子化的银行、证券和保险等金融机构。金融信息化是金融业发展趋势之一,而信息化金融机构则是金融创新的产物。从整个金融行业来看,银行的信息化建设一直处于业内领先水平,不仅具有国际领先的金融信息技术平台,建成了由自助银行、电话银行、手机银行和网上银行构成的电子银行立体服务体系,而且以信息化的大手笔——数据集中工程在业内独领风骚,其除了基于互联网的创新金融服务之外,还形成了"门户""网银、金融产品超市、电商"的一拖三的金融电商创新服务模式。

(2)金融门户:互联网金融门户是指利用互联网进行金融产品的销售以及为金融产品销售提供第三方服务的平台。它的核心就是"搜索比价"的模式,采用金融产品垂直比价的方式,将各家金融机构的产品放在平台上,让用户通过对比挑选合适的金融产品。互联网金融门户多元化创新发展,形成了提供高端理财投资服务和理财产品的第三方理财机构,和提供保险产品咨询、比价、购买服务的保险门户网站等。这种模式不存在太多政策风险,因为其平台既不负责金融产品的实际销售,也不承担任何不良的风险,同时资金也完全不通过中间平台。

(3)众筹平台:众筹大意为大众筹资或群众筹资,是指用团购、预购的形式,向网友募集项目资金的模式。众筹是利用互联网和 SNS 传播的特性,让创业企业、艺术家或个人对公众展示他们的创意及项目,争取大家的关注和支持,进而获得所需要的资金援助。众筹平台的运作模式大同小异——需要资金的个人或团队将项目策划交给众筹平台,经过相关审核后,便可以在平台的网站上建立属于自己的页面,用来向公众介绍项目情况。

(4)P2P 网贷:P2P(Peer-to-peer Lending),即点对点信贷。P2P 网贷是指通过第三方互联网平台进行资金借、贷双方的匹配,让需要借贷的人群通过网站平台寻找到有出借能力并且愿意基于一定条件出借的人群,帮助贷款人通过和其他贷款人一起分担一笔借款来分散风险,也帮助借款人在充分比较信息后选择有吸引力的利率条件,比如拍拍贷。

(5)数字货币:以比特币等数字货币为代表的互联网货币爆发,从某种意义上来说,比其他任何互联网金融形式都更具颠覆性。数字货币是指不依托于任何实物,通过复杂的密码算法而产生的加密序列数,它能应用于网络交易支付。

(6)大数据金融:大数据金融是指集合海量非结构化数据,对其进行实时分析,可以为互联网金融机构提供客户全方位信息,通过分析和挖掘客户的交易和消费信息,掌握客户的消费习惯,并准确预测客户行为,使金融机构和金融服务平台在营销和风险控制方面有的放矢。基于大数据的金融服务平台主要指拥有海量数据的电子商务企业开展的金融服务。大数据的关键是从大量数据中快速获取有用信息的能力,或者是从大数据资产中快速变现利用的能力。因此,大数据的信息处理往往以云计算为基础。

(三)主要特点

(1)成本低:互联网金融模式下,资金供求双方可以通过网络平台自行完成信息甄别、匹配、定价和交易,无传统中介、无交易成本、无垄断利润。一方面,金融机构可以节约开设营业网点的资金投入和运营成本;另一方面,消费者可以在开放透明的平台上快速找到适合自己的金融产品,削弱了信息不对称程度,更省时省力。

(2)效率高:互联网金融业务主要由计算机处理,操作流程完全标准化,客户不需要排队等候,业务处理速度更快,用户体验更好。如阿里小贷依托电商积累的信用数据库,经过数据挖掘和分析,引入风险分析和资信调查模型,使得商户从申请贷款到发放只需要几秒钟,日均可以完成贷款1万笔,成为真正的"信贷工厂"。

(3)覆盖广:互联网金融模式下,客户能够突破时间和地域的约束,在互联网上寻找需要的金融资源,金融服务更直接,客户基础更广泛。此外,互联网金融的客户以小微企业为主,覆盖了部分传统金融业的金融服务盲区,有利于提升资源配置效率,促进实体经济发展。

(4)发展快:依托于大数据和电子商务的发展,互联网金融得到了快速增长。以余额宝为例,余额宝上线18天,累计用户数达到250多万人,累计转入资金达到

66 亿元。据报道,截至 2014 年年底,余额宝推出仅 1 年半时间,用户数已增至 1.85 亿人,规模达 5789.36 亿元,较 2013 年年底的 1853.42 亿元,增长了 2 倍多。

(5) 管理弱:一是风控弱。新型的互联网金融还没有接入人民银行征信系统,也不存在信用信息共享机制,不具备类似银行的风控、合规和清收机制,容易发生各类风险问题,已有众贷网、网赢天下等 P2P 网贷平台宣布破产或停止服务。二是监管弱。新型的互联网金融在我国处于起步阶段,还没有监管和法律约束,缺乏准入门槛和行业规范,整个行业面临诸多政策和法律风险。

(6) 风险大:一是信用风险大。现阶段中国信用体系尚不完善,互联网金融的相关法律还有待建立,互联网金融违约成本较低,容易诱发恶意骗贷、卷款"跑路"等风险问题。特别是 P2P 网贷平台由于准入门槛低和缺乏监管,成为不法分子从事非法集资和诈骗等犯罪活动的温床。二是网络安全风险大。我国互联网安全问题突出,网络金融犯罪问题不容忽视。一旦遭遇黑客攻击,互联网金融的正常运作会受到影响,危及消费者的资金安全和个人信息安全。

四、实验内容与步骤

(一) 余额宝

(1) 打开支付宝网站(https://www.alipay.com)登录自己的支付宝账户,在页面上点击余额宝下方的"管理",学习了解余额宝的相关知识,包括余额宝如何赚钱、与货币基金之间的关系、收益与风险如何、如何购买等内容。还可以查看支付宝中的"招财宝"等功能及说明。

(2) 查看余额宝最近的七天年化收益率及其收益走势。

(3) 点击余额宝中的"转入",从自己的支付宝余额或从银行卡中转入若干资金到余额宝。购买成功后,过两到三天再次登录账户查看收益情况。

(二) 花呗

(1) 花呗是由蚂蚁微贷提供给消费者"这月买、下月还"(确认收货后下月再还款)的网购服务,相当于"虚拟信用卡"。在支付宝中点击"花呗"详情,了解如何开通、如何使用、如何还款等,分析这种支付方式对消费者有什么理财收益。

(2) 在支付宝中"花呗"下点击"开通",了解自己的消费额度,输入自己的支付宝支付密码,点击"确定"。如图 2-12 至图 2-14 所示。

图 2 - 12　我的支付宝

图 2 - 13　查看"花呗"额度并开通

图 2 - 14　签约成功

（3）在淘宝网选购商品，支付时选择"花呗"付款，输入支付密码，完成支付。如图 2 - 15 所示。

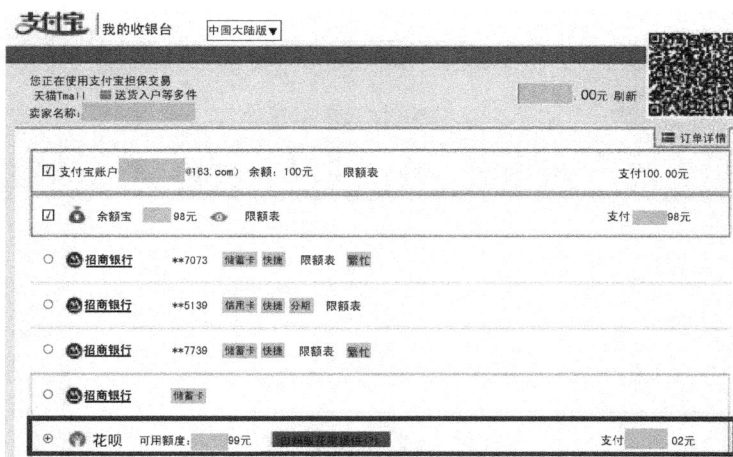

图 2-15 选择"花呗"付款

（4）还款流程：登录支付宝，选择"花呗"，进入花呗页面，点击"还款"，输入还款金额，点击确定后到收银台页面，支持还款渠道有余额、余额宝、储蓄卡快捷支付、储蓄卡网银。也可以设置自动还款，通过支付宝余额、余额宝、快捷借记卡自动还款，在每月 10 日前，请确保资金充足。还款流程如图 2-16 至图 2-18 所示。

图 2-16 查看"花呗"可用额度

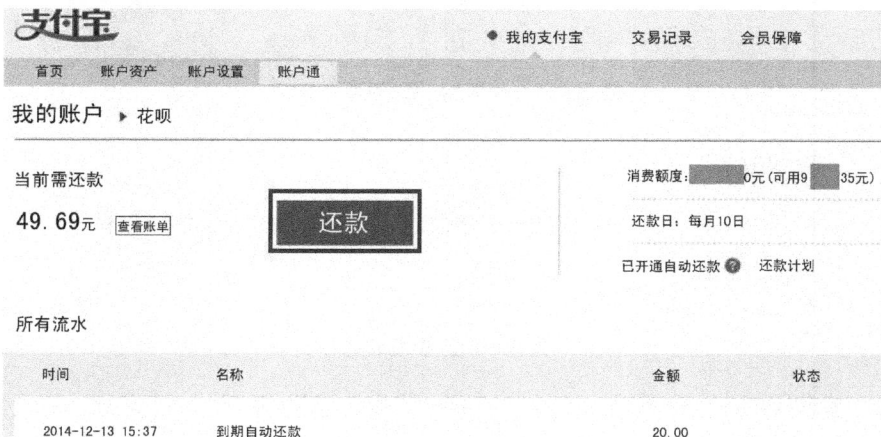

图 2-17 查看需还款金额并点击"还款"

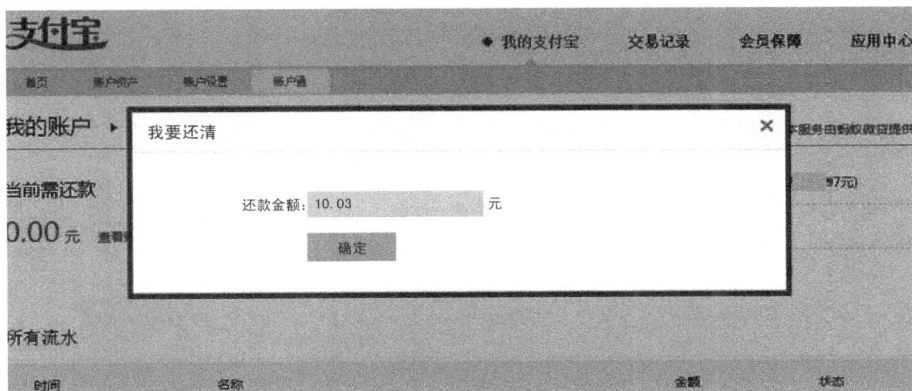

图 2-18　还款确定

（三）P2P网贷

（1）打开义乌贷网站（http：//www.yiwudai.com），学习了解什么是义乌贷、第三方资金托管模式以及如何保障投资收益等内容。点击页面导航栏"咨询服务"，学习了解"如何投资"、"如何借款"等内容。

（2）点击"注册"，按要求填写相关信息，进行账户验证后登录。了解账户中心、理财管理、借款管理等功能。

（3）点击"我要理财"，选择某个正在开展的筹资招标项目，了解借款金额、年利率、借款期限、还款方式、投标进度等内容。

（4）如有理财需求，可以适当尝试（请根据自己的财力谨慎考虑）。点击"立即投标"，输入投资金额、支付密码和验证码后，点击"确认投标"即可。如图 2-19、图 2-20 所示。

图 2-19　立即投标

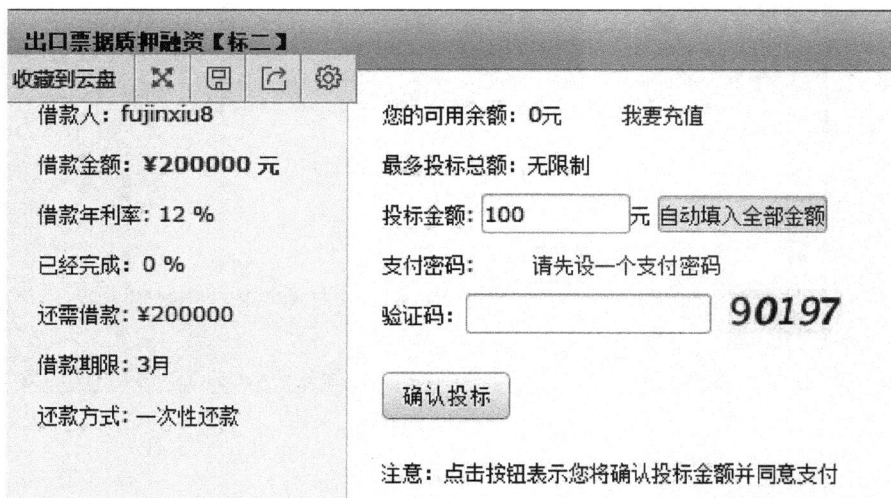

图 2 – 20　确认投标

（四）众筹

（1）打开京东金融网站（http://jr.jd.com/），点击页面底部的"关于京东金融"了解理财、众筹、白条、保险等功能。

（2）点击导航栏"众筹"，选择某一正在进行的众筹项目，如图 2 – 21 所示。查看项目详细介绍、已筹资情况、项目发起人、支持方式及主要回报等信息。

图 2 – 21　京东某众筹项目

（3）对有意向参与的项目选择一种支持方式（比如支持 1 元）体验众筹过程。

五、实验要求

（1）根据实验情况写出实验报告，内容包括实验的操作过程、结果和体会。

（2）要求实验报告记录实验的主要操作过程和结果，并通过实验谈谈自己的收获或体会、建议等。

六、思考题

（1）分析新型互联网理财的主要风险与发展前景。

（2）余额宝是如何赚钱的？

（3）P2P 网贷为何能发展迅速却又问题重重？如何破解？

实验五　电子商务物流服务

一、实验目的

（1）了解电子商务物流运作流程；

（2）体验网上物流服务。

二、实验内容

物流是电子商务流程的重要环节。物流的电子商务化服务可以提高物流运作效率，方便客户查询跟踪及时了解情况，降低服务成本。

（1）了解电子商务物流运作流程；

（2）完成网上购物后，通过物流网站查询和跟踪物流过程；

（3）体验网上物流服务。

三、实验知识准备

（一）电子商务物流定义

电子商务物流又称网上物流，就是基于互联网技术，旨在创造性地推动物流行业发展的新商业模式;通过互联网,物流公司能够被更大范围内的货主客户主动找到,能够在全国乃至世界范围内拓展业务;贸易公司和工厂能够更加快捷地找到性价比最佳的物流公司;网上物流致力把世界范围内最大数量的有物流需求的货主企业和提供物流服务的物流公司都吸引到一起,提供中立、诚信、自由的网上物流交易市场,帮助物流供需双方高效达成交易。

物流电子商务化是以互联网的形式提供物流行业相关信息,包括货运信息、空运信息、陆运信息、海运信息,以及物流行业资讯和物流知识、法律法规等,还提供物流行业企业库,供货源方查找,货源方也可通过物流网发布货源信息,以供物流企业合作。

电子商务作为数字化生存方式,代表未来的贸易方式、消费方式和服务方式。因此要求整体生态环境要完善,要求打破原有物流行业的传统格局,建设和发展以商品代理和配送为主要特征,物流、商流、信息流有机结合的社会化物流配送中心,建立电子商务物流体系。各种“流”的畅通无阻,才是电子商务的最佳境界。

(二)电子商务物流模式

电子商务物流模式主要指以市场为导向,以满足客户需求为宗旨、获取系统总效益最优化的适应现代社会经济发展的模式。主要包括以下几种模式。

1. 自营物流

企业自营物流模式意味着电子商务企业自行组建物流配送系统,经营管理企业的整个物流运作过程。目前,在我国,采取自营物流模式的电子商务企业主要有两类:第一类是资金实力雄厚且业务规模较大的电子商务公司,如京东商城;第二类是传统的大型制造企业或批发企业经营的电子商务网站,由于其自身在长期的传统商务中已经建立起初具规模的营销网络和物流配送体系,在开展电子商务时只需将其加以改进、完善,即可满足电子商务条件下对物流配送的要求,如国美商城。选用自营物流,可以使企业对物流环节有较强的控制能力,易于与其他环节密切配合,全力专门地服务于本企业的运营管理,使企业的供应链更好地保持协调、简洁与稳定。此外,自营物流能够保证供货的准确和及时,保证顾客服务的质量,维护企业和顾客间的长期关系。但自营物流所需的投入非常大,建成后对规模的要求很高,大规模才能降低成本,否则将会长期处于不盈利的境地。而且投资成本较大、时间较长,对于企业柔性有不利影响。另外,自建庞大的物流体系,需要占用大量的流动资金。更重要的是,自营物流需要较强的物流管理能力,建成之后需要工作人员具有专业化的物流管理能力。

2. 物流联盟

这是基于正式的相互协议而建立的一种物流合作关系,参加联盟的企业汇集、交换或统一物流资源以谋取共同利益;同时,合作企业仍保持各自的独立性。物流联盟为了达到比单独从事物流活动取得更好效果的目的,在企业间形成了相互信任、共担风险、共享收益的物流伙伴关系。企业间不完全采取导致自身利益最大化的行为,也不完全采取导致共同利益最大化的行为,只是在物流方面通过契约形成优势互补、要素双向或多向流动的中间组织。一般来说,组成物流联盟的企业之间具有很强的依赖性,物流联盟的各个组成企业明确自身在整个物流联盟中的优势及担当的角色,内部的对抗和冲突减少,分工明晰,使供应商把注意力集中在提供客户指定的服务上,最终提高企业的竞争能力和竞争效率,满足企业跨地区、全方位物流服务的要求。

3. 第三方物流

第三方物流(Third-party Logistics,简称 3PL 或 TPL)是指独立于买卖双方之外的专业化物流公司,长期以合同或契约的形式承接供应链上相邻组织委托的部分或全部物流功能,因地制宜地为特定企业提供个性化的全方位物流解决方案,实现特定企业的产品或劳务快捷地向市场移动,在信息共享的基础上,实现优势互补,从而降低物流成本,提高经济效益。它是由相对"第一方"发货人和"第二方"收货人而言的第三方专业企业来承担企业物流活动的一种物流形态。第三方物流公司通过与"第一方"或"第二方"的合作来提供其专业化的物流服务,它不拥有商品,不参与商品买卖,而是为顾客提供以合同约束、以结盟为基础的系列化、个性化、信息化的物流代理服务。服务内容包括设计物流系统、EDI、报表管理、货物集运、选择承运人及货代人、海关代理、信息管理、仓储、咨询、运费支付和谈判等。第三方物流企业一般都是具有一定规模的物流设施设备(库房、站台、车辆等)及专业经验、技能的批发、储运或其他物流业务经营企业。第三方物流是物流专业化的重要形式,企业采用第三方物流模式对于提高企业经营效率具有重要作用。首先,企业将自己的非核心业务外包给从事该业务的专业公司去做;其次,第三方物流企业作为专门从事物流工作的企业,有丰富的专门从事物流运作的专家,有利于确保企业的专业化生产,降低费用,提高企业的物流水平。

4. 第四方物流

第四方物流主要是指由咨询公司提供的物流咨询服务,但咨询公司并不等于第四方物流公司。第四方物流公司应物流公司的要求为其提供物流系统的分析和诊断,或提供物流系统优化和设计方案等。所以第四方物流公司以其知识、智力、信息和经验为资本,为物流客户提供一整套的物流系统咨询服务。它从事物流咨询服务就必须具备良好的物流行业背景和相关经验,但并不需要从事具体的物流活动,更不用建设物流基础设施,只是对于整个供应链提供整合方案。第四方物流的关键在于为顾客提供最佳的增值服务,即迅速、高效、低成本和个性化服务等。第四方物流有众多的优势。第一,它对整个供应链及物流系统进行整合规划。第四方物流的核心竞争力就在于对整个供应链及物流系统进行整合规划的能力,也是降低客户企业物流成本的根本所在。第二,它具有对供应链服务商进行资源整合的优势。第四方物流作为有领导能力的物流服务提供商,可以通过其影响整个供应链的能力,整合最优秀的第三方物流服务商、管理咨询服务商、信息技术服务商和电子商务服务商等,为客户企业提供个性化、多样化的供应链解决方案,为其创造超额价值。第三,它具有信息及服务网络优势。第四方物流公司的运作主要依靠信息与网络,其强大的信息技术支持能力和广泛的服务网络覆盖支持能力是客户企业开拓国内外市场、降低物流成本所极为看重的,也是取得客户的信赖、获得大额长期订单的优势所在。最后,它具有人才优势。第四方物流公司拥有大量高素质、国际化的物流和供应链管理专业人才和团队,可以为客户企业提供全面的卓越的供应链管理与运作服务,提供个性化、多样化的供应链解决方案,在解决物流实际业务的同时,实施与公司战略相适应的物流发展战略。发展第四方物流可以减少物流资本投入、降低资金占用。通过第四方物流,企业可以大大减少在物流设施(如仓库、配送中心、车队、物流服务网点等)方面的资本投入,降低资金占用,提高资金周转速度,减少投资风险,降低库存管理及仓储成本。第四方物流公司通过其卓越的供应链管理和运作能力,可以实现供应链"零库存"的目标,为供应链上的所有企业降低仓储成本。同时,第四方物流大大提高了客户企业的库存管理水平,从而降低库存管理成本。发展第四方物流还可以改善物流服务质量,提升企业形象。

5. 物流一体化

物流一体化是指以物流系统为核心,由生产企业、物流企业、销售企业直至消费者的供应链的整体化和系统化。它是在第三方物流的基础上发展起来的新的物流模式。在这种模式下物流企业通过与生产企业建立广泛的代理或买断关系,使产品在有效的供应链内迅速移动,使参与各方的企业都能获益,使整个社会获得明显的经济效益。这种模式还表现为用户之间的广泛交流供应信息,从而起到调剂余缺、合理利用、共享资源的作用。在电子商务时代,这是一种比较完整意义上的物流配送模式,它是物流业发展的高级和成熟阶段。物流一体化是物流产业化的高级发展形式,它必须以第三方物流充分发育和完善为基础。物流一体化的实质是一个物流管理的问题,即专业化物流管理人员和技术人员,充分利用专业化物流设备、设施,发挥专业化物流运作的管理经验,以求取得整体最佳的效果。同时,物流一体化的趋势为第三方物流的发展提供了良好的发展环境和巨大的市场需求。

四、实验方法与步骤

(1)打开 IE 浏览器窗口,在地址栏中输入 http://www.sf-express.com(顺丰速运公司主页地址)。

(2)点击导航栏的"寄件",点击"马上寄件",填写寄件人姓名、地址、电话和快件重量等相应信息,如图 2-22 所示,点击"预约"提交,即可网上预约寄件。

(3)点击"运单追踪",输入运单号码,可同时输入 20 条运单号码,中间以逗号、空格或回车键隔开,点击"查询",即可追踪运单信息。还可进行"运费查询""时效查询""服务网点查询""收寄范围查询"等操作。

(4)点击导航栏的"速运物流",依次查看面向"商务客户""电商客户""个人客户"的"服务(产品)"和"增值服务"。点击"电商客户"的"增值服务"中的"正式报关""安检报备""改派服务"等查看服务介绍。

(5)打开淘宝网,登录"我的淘宝",点击"已买到的宝贝",在列表中选择某一订单点击"查看物流",查询某一商品的物流信息,如图 2-23 所示。或记下物流公司及运单号码,进入相应的物流公司网站,在"快件查询""运单追踪"等栏输入运单号码,点击"查询",即可查询包裹寄送流程。如图 2-24 所示。

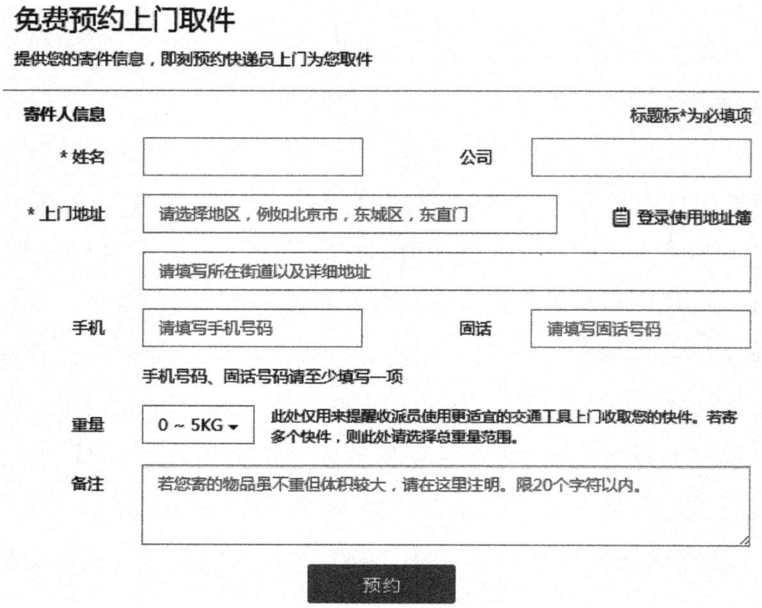

免费预约上门取件

提供您的寄件信息,即刻预约快递员上门为您取件

图 2-22　网上预约寄件

图 2-23　淘宝网物流追踪

图 2-24 进入物流公司官网进行快件查询

（6）进入锦程物流全球服务中心网站（http://www.jc56.com），分别点击了解海运、空运、公路运输、铁路运输、快递、进出口代理、仓储等业务的介绍、操作流程及注意事项。

（7）在"特色服务"导航栏中点击"跨境电商物流服务"，分别学习了解"海外购""国际快递""中国邮政大包""中国邮政小包""跨境小件物品运输"等服务的介绍、操作流程和注意事项。

五、实验要求

（1）根据实验情况写出实验报告，内容包括实验的操作过程、结果和体会。

（2）要求实验报告记录实验的主要操作过程和结果，并通过实验谈谈自己的收获或体会、建议等。

六、思考题

（1）电子商务的发展给物流业带来哪些机会和挑战？

（2）跨境电子商务的物流与境内电子商务的物流有什么不同？

实验六　电子商务安全

一、实验目的

了解网络金融的主要安全风险,掌握保障网络金融安全的主要技术和方法。

二、实验内容

通过支付宝账户进行安全设置,下载安装数字证书,设置支付宝钱包的手势密码和支付密码,学会利用支付宝进行网上支付和移动支付。

(1)认识网络金融安全的重要性;

(2)学会安全地使用网络金融工具。

三、实验知识准备

电子商务是利用计算机网络来实现的,计算机网络的安全威胁也就必然带来一系列电子商务的安全性问题,使得某些别有用心的人有机可乘。多年来中国互联网络信息中心(CNNIC)的调查发现,安全问题一直是影响我国电子商务得到广泛应用的较为突出的问题之一。

概括起来,电子商务面临的安全问题主要涉及信息的安全问题、信用的安全问题、安全的管理问题和电子商务的法律保障问题。

(一)电子商务的安全性需求

电子商务,作为一种新的经济交易方式,它只是在表现形式上与传统商业不同,但是这并没有改变其商业属性,这就要求电子商务的运作必须遵循商业活动的一般规律,否则,电子商务是无法发展的。

安全与效率,是一切经济交易必须考虑的两个问题,电子商务的存在与发展也必须满足这两个要求。对于电子商务而言,其高效性已经得到了人们充分的认可。但是,电子商务作为一种新生事物,在世界各国都尚未形成成熟的安全运营模式。如何在网络环境下,构建与传统法律价值接近的规则体系,已经越来越为人们所关注。

电子商务面临的安全问题和威胁导致了对电子商务安全的需求。为了保障网上交易各方的合法权益、保证能够在安全顺利的前提下开展电子商务活动,在电子商务系统中以下基本安全需求必须得到满足。

1. 信息的保密性

开展电子商务的一个很大的安全威胁就是敏感的商业信息或个人信息(包括信用卡号、用户名、地址或个人喜好方面的信息等)被窃取。例如,信用卡的账号和用户名被他人知悉,就有可能被盗用;订货和付款的信息被竞争对手获悉,就有可能丧失商机。信息的保密性就是指信息在以电子化方式传送时,保证一些敏感信息不被泄露。

2. 信息的完整性

信息的完整性是指信息在以电子化方式传送时,保证信息未被修改过,接收方希望确保接收到的信息同发送方发送的信息没有任何出入。数据的完整性被破坏可能导致贸易双方信息的差异,将影响贸易各方的交易顺利完成,甚至造成纠纷。保证各种数据的完整性是电子商务应用的基础,它需要防止数据的丢失、重复、插入、修改以及保证传送次序的一致。

3. 身份的真实性

网上交易的双方很可能素昧平生,相隔千里。要使交易成功,首先要确认对方的身份。商家要考虑客户是否是骗子,而客户也会担心网上的商店是否是一家欺诈消费者的黑店。因此,能方便而可靠地确认对方身份是交易的前提。

4. 不可抵赖性

由于商情千变万化,交易一旦达成是不能被否认的,否则必然会损害一方的利益。不可抵赖性是防止一方对交易或通信发生后进行否认。在无纸化的电子商务方式下,不可能像在传统的纸面交易中通过手写签名和印章进行双方的鉴别,一般通过电子记录和电子合约等方式来表达。

5. 系统的可用性

可用性或称即需性,是指保证商业信息及时获得和保证服务不被拒绝。在电子商务过程中,参与各方能否及时进行数据交换,关系到电子商务能否正常进行。破坏即需性后,计算机的处理速度非常低,低到一定程度就会影响电子商务系统的正常运行。如果正常的客户要求被拒绝,商家将失去大量的客户。

6. 信息的访问控制性

信息的访问控制性是防止对进程、通信及信息等各类资源的非法访问。安全管理人员要求能够控制用户的权限,分配或终止用户的访问、操作、接入等权利,使系统拒绝向未被授权者提供信息和服务。

（二）电子商务安全措施

解决电子商务安全问题需要从管理、技术和法律等方面综合考虑,三者缺一不可。下面分别从安全管理制度、安全技术和法律制度三个方面介绍电子商务安全管理的措施和方法。

（1）电子商务安全管理制度。依据国家互联网应急中心发布的数据,在所有的计算机安全事件中,约有 52％是人为因素造成的,25％由火灾、水灾等自然灾害引起,技术错误占 10％,组织内部人员作案占 10％,另有 3％左右是由外部不法人员的攻击造成的。简单归类,属于管理方面的原因比重高达 70％以上,这正应了人们常说的"三分技术、七分管理"的箴言。因此,企业在开始开展电子商务时就应当形成一套完整的、适应网络环境的电子商务安全管理制度。健全的电子商务安全管理制度的成功制定和有效实施是保证网上交易和商务活动安全顺利进行的重要基础。这些安全管理制度应当包括以下内容:组织机构和人员管理制度,保密制度,跟踪、审计制度,系统日常维护制度,病毒防范制度,应急措施和制度。

（2）电子商务安全技术。电子商务安全技术涉及电子商务交易方自身网络安全技术、电子商务信息传输安全技术、网上身份和交易信息认证技术以及电子商务安全支付技术等四个方面,主要涉及防火墙、病毒防治、虚拟专用网和入侵检测、加密、消息摘要、身份认证、数字签名等技术的综合应用。

（3）电子商务安全法律制度。通过法律制度来规范和制约在线商务活动中人们的思想和行为,将电子商务安全纳入规范化、法制化和科学化的轨道,是保障电子商务得到长远发展的根本。

四、实验内容与步骤

（1）登录某银行网站,如建行(http://www.ccb.com),在页面左上角的"个人网上银行登录"下面选择"安全指引",点击查看网上银行采用的主要安全策略,并重点学习了解"动态口令卡"和"网银盾"的主要安全保护原理和使用方法。打开链接 http://eshop.ccb.com/Info/569856,学习安全知识,养成安全使用网络支付的习惯。

(2) 在银行网站主页面点击"个人网上银行登录",在 IE 浏览器的登录界面查看地址栏的协议是否是"https://"开头,状态栏有没有一把黄色的"锁",找到后将鼠标放到这把"锁"上看看会显示什么提示内容。

(3) 打开支付宝网站(https://www.alipay.com/),登录个人账户,在页面导航中选择"安全保障"下的"安全中心",进入"安全学堂",学习了解相关安全知识。然后选择"安全产品(工具)",查看"短信校验服务""数字证书""宝令""支付盾"等安全产品,如图 2-25 所示。依次点击各安全产品"查看详情",进入详情介绍页面,并可进一步点击"操作流程演示"。图 2-26 为数字证书申请流程。

图 2-25 支付宝安全产品

数字证书申请流程

大陆个人用户

通过手机短信校验进行申请，申请数字证书前需要先绑定手机（免费）。

登录支付宝 点击申请数字证书	填写身份证号码	填写手机校验码	成功

非个人用户以及大陆以外用户（例如香港、澳门、台湾等用户）。

通过升级安保问题来安装证书

登录支付宝 点击申请数字证书	升级安保问题	填写证件号码	成功

图 2-26　支付宝数字证书申请流程

（4）登录自己的支付宝账户，在"安全中心"中选择"安全管家"，查看自己支付宝账户的安全等级和已经使用的安全产品及服务。选择"安全产品（工具）"中的"安全证书"，选择数字证书下载，按提示进行数字证书的下载安装（注：支付宝证书可在多台电脑中多次免费下载安装），并设置不同的支付宝登录密码和支付密码。

（5）在 IE 浏览器"工具"菜单中选择"Internet 选项"进入，选择"内容"标签，接着选择"证书"进入，在个人证书中找到前面安装的支付宝证书进行"导出"操作。

（6）如在公共机房做实验，为保证证书安全，在实验结束时可以选择"管理数字证书"，删除刚安装的证书。

（7）登录手机支付宝钱包，点击右下角的"我的"进入，点击右上角的用户头像，进入"设置"中的"支付设置"，关闭"小额免密支付"功能；返回后点击"安全设置"，设置手势、指纹密码或开启"刷脸"登录，还可以"重置登录密码"或"重置支付密码"。如图 2-27 所示。

（8）修改自己的网银、邮箱、QQ、淘宝网等的密码，建议设置密码为 10 位以上的字母加数字组合。

图 2 - 27　支付宝钱包安全设置

五、实验要求

（1）根据实验情况写出实验报告，内容包括实验的操作过程、结果和体会。

（2）要求实验报告记录实验的主要操作过程和结果，并通过实验谈谈自己的收获或体会、建议等。

六、思考题

（1）你认为电子商务比起传统商务安全性如何？

（2）通过体验谈谈你对网络金融安全的认识。

第三章 电子商务工具应用实验

实验七 商务信息检索

一、实验目的

(1) 体验搜索引擎的强大功能,掌握利用网络进行信息检索的主要方法与技巧;

(2) 掌握利用网络进行市场信息检索的基本思路。

二、实验内容

掌握常用的搜索方法并正确使用,利用百度搜索引擎对某个关键词或关键词组合进行商务信息检索与浏览。

三、实验知识准备

(一) 搜索引擎的定义

搜索引擎(search engine)是指根据一定的策略、运用特定的计算机程序从互联网上搜集信息,在对信息进行组织和处理后,为用户提供检索服务,将用户检索的相关信息展示给用户的系统。

搜索引擎包括全文索引、目录索引、元搜索引擎、垂直搜索引擎、集合式搜索引擎、门户搜索引擎与免费链接列表等。

（二）搜索引擎的组成

搜索引擎一般由搜索器、索引器、检索器和用户接口四个部分组成。搜索器的功能是在互联网中漫游，发现和搜集信息；索引器的功能是理解搜索器所搜索到的信息，从中抽取出索引项，用于表示文档以及生成文档库的索引表；检索器的功能是根据用户的查询在索引库中快速检索文档，进行相关度评价，对将要输出的结果排序，并能按用户的查询需求合理反馈信息；用户接口的作用是接纳用户查询、显示查询结果、提供个性化查询项。

（三）搜索引擎的商务模式

搜索引擎在发展早期，多是作为技术提供商为其他网站提供搜索服务，网站付钱给搜索引擎。后来，随着 2001 年互联网泡沫的破灭，大多数搜索引擎转向竞价排名的商务模式。

搜索引擎的主流商务模式（百度的竞价排名、Google 的 AdWords）都是在搜索结果页面放置广告，通过用户的点击向广告主收费。这种模式最早是比尔·格罗斯（Bill Gross）提出的。这种模式有两个特点，一是点击付费（Pay Per Click），用户不点击则广告主不用付费；二是竞价排序，根据广告主的付费多少排列结果。

AdSense 是 Google 于 2003 年推出的一种新的广告方式。AdSense 使各种规模的第三方网页发布者进入 Google 庞大的广告商网络。Google 在这些第三方网页放置跟网页内容相关的广告，当浏览者点击这些广告时，网页发布者能获得收入。百度的网盟推广也是类似于 AdSense 的一种推广方式。

（四）搜索引擎的作用

搜索引擎是网站建设中针对用户使用网站的便利性所提供的必要功能，同时也是研究网站用户行为的一个有效工具。高效的站内检索可以让用户快速准确地找到目标信息，从而更有效地促进产品/服务的销售。而且对网站访问者搜索行为的深度分析，对于进一步制定更为有效的网络营销策略具有重要价值。

从网络营销的环境看，搜索引擎营销的环境发展对网络营销的推动起到举足轻重的作用。

从效果营销看，很多公司开展网络营销主要是利用了搜索引擎营销。

就完整型电子商务概念组成部分来看,网络营销是其中最重要的组成部分,是向终端客户传递信息的重要环节。

(五)学习搜索引擎营销的意义

在信息爆炸的时代,互联网就是一个信息的海洋。但是,互联网这一信息数据库不但信息量太大且呈几何级数增长,而且还存在信息鱼目混珠、真假难辨等问题,商务活动中需要对网上巨量信息进行筛选过滤。因此,利用网络进行市场信息的检索是一个相当复杂且很有技术含量的工作,学会搜索引擎的使用技巧对准确搜集商务信息、开展网络营销活动有重要意义。

四、实验方法与步骤

(1)开机,打开 IE 浏览器窗口。

(2)在地址栏中输入 http://www.baidu.com,打开搜索网站主页。

(3)打开百度用户服务中心,学习搜索、使用多个词语搜索等技巧。

(4)打开百度网页搜索特色功能 http://help.baidu.com/question/? prod-id＝1,了解网页搜索特色功能,学习与体验专业文档搜索、高级搜索和个性设置、货币换算、英汉互译词典等功能。

(5)在搜索栏中输入"电子商务网站"或者其他自己确定的关键词,点击"百度一下"按钮。

(6)在随后出现的搜索结果页面中查看搜索结果,并选择相应的链接点击进入下一页面,查看具体的信息内容。如果搜索结果太多,难以精准地找到自己所需的信息,可以采用如下精确方法进行查找:

①在搜索结果页面的搜索栏中输入"电子商务网站"和"B2C 购物"两个关键词,中间用空格分开,点击"百度一下"按钮,进行组合查询,查看搜索结果。

②选择两个关键词,中间分别用"and""or""not"等布尔运算符或使用"＋""－"号进行连接,查看搜索结果有何区别。

(7)学会限定范围精准搜索。

①把搜索范围限定在网页标题中的方法,是使用"intitle:"语法。例如找"电子商务市场调查报告",关于市场调查报告的网页,有以下几个特点:第一是网页标题中通常会有"××××调查报告"的字样;第二是在正文中,通常会有几个特

征词,如"市场""需求""消费"等。于是,利用 intitle 语法,就可以快速找到类似范文,如市场"电子商务 intitle:调查报告"。注意"intitle:"和后面的关键词之间不要有空格。

②把搜索范围限定在特定站点中的方法,是使用"site:"语法。即在查询词后面加上"site:站点域名"。例如,要限定在新浪网中查找"电子商务平台",可以这样查询:"电子商务平台 site:sina.com.cn"。站点域名不带"http://",同样,"site:"与站点名之间没有空格。

③将搜索结果限定在地址栏链接中的方法,是使用"inurl:"语法。例如,要找"电子商务实验"关键词,可以这样查询:"实验 inurl:电子商务",得到的查询结果的地址栏链接中必须出现"电子商务",而"实验"则可在网页的任何位置中出现。同样,"inurl:"和后面的关键词之间不留空格。

④对关键词加双引号或书名号进行精确匹配查找。将双引号("")或书名号(《》)内的字符串当成一个独立的运算单元进行严格匹配,以提高检索的精度。如果输入的查询词很长,给出的搜索结果中的查询词,可能是拆分的。如果给查询词加上双引号,就可以达到精准搜索的效果。例如,搜索:"浙江师范大学校庆",如果不加双引号,搜索结果可能被拆分为"浙江师范大学""校庆"等,效果不是很好,但加上双引号后,即"浙江师范大学校庆",获得的结果就全是符合要求的了。书名号是百度独有的一个特殊查询语法。加上书名号的查询词,有两层特殊功能,一是书名号会出现在搜索结果中;二是被书名号括起来的内容,不会被拆分。书名号在某些情况下特别有效,比如,查电影《手机》,如果不加书名号,很多情况下出来的是通信工具——手机,而加上书名号后,"《手机》"的查询结果就都是关于电影或图书方面的了。

(8)学习搜索特定的专业文档。

很多有价值的资料,在互联网上并非是普通的网页,而是以 Word、PowerPoint、PDF 等类型存在。要搜索这类文档,只要在普通的查询词后面,加一个"filetype:"限定文档类型。"filetype:"后可以跟以下文件格式:DOC、XLS、PPT、PDF、RTF、ALL。其中,ALL 表示搜索所有这些文件类型。例如,查找跨境电子商务方面的 Word 类型的经济学论文。可用"跨境电子商务 filetype:doc"进行检索,点击结果标题,可直接下载该文档,也可以点击标题后的"HTML 版"快速查看该文档的网页格式内容。

当然，也可以通过百度文档搜索界面（http：//file.baidu.com/），直接使用专业文档搜索功能。

（9）学习体验其他搜索功能。

①搜索多媒体信息："media：关键词"。如要检索包含"cloud"的声音、视频等多媒体信息，则可使用"media：cloud"进行检索。

②拼音提示。如果只知道某个词的发音，却不知道怎么写，或者嫌某个词拼写输入太麻烦，该怎么办？百度拼音提示能帮您解决问题。只要您输入查询词的汉语拼音，百度就能把最符合要求的对应汉字提示出来，它事实上是一个无比强大的拼音输入法。拼音提示显示在搜索结果上方。如，输入"wulianwang"，提示你要找的是不是"物联网"。

③错别字提示。由于汉字输入法的局限性，我们在搜索时经常会输入一些错别字，导致搜索结果不佳。别担心，百度会给出错别字纠正提示。错别字提示显示在搜索结果上方。比如你输入"电子商物"或"电子上午"等关键词，百度搜索自动识别为"电子商务"。

④英汉互译词典。百度网页搜索内嵌英汉互译词典功能。如果想查询英文单词或词组的解释，可以在搜索框中输入想查询的"英文单词或词组＋是什么意思"，搜索结果第一条就是英汉词典的解释，如，"logistics 是什么意思"，搜索结果的第一条就是对该单词的中文意思，即"物流、后勤"等；如果想查询某个汉字或词语的英文翻译，您可以在搜索框中输入想查询的"汉字或词语＋的英语"，搜索结果第一条就是汉英词典的解释，如，输入"物联网的英语"，搜索结果第一条就是物联网的英文翻译。

⑤货币换算。要使用百度的内置货币换算器，只需在百度网页搜索框中键入需要完成的货币转换，按下"回车"键或点击"百度一下"按钮即可。如："100 美元等于多少人民币"或"1USD＝？RMB"。

⑥计算器和度量衡转换。百度网页搜索内嵌的计算器功能，能快速高效地解决您的计算需求。只需简单地在搜索框内输入计算式，按下"回车"键即可。看一下这个复杂计算式的结果：$\log((\sin(5))^2)-3+pi$，如果要搜的是含有数学计算式的网页，而不是做数学计算，点击搜索结果上的表达式链接，就可以达到目的。

在百度的搜索框中,还可以做度量衡转换。格式如下:"换算数量换算前单位＝?换算后单位",例如:"－5 摄氏度＝? 华氏度"。

(10) 查看搜索结果返回的索引页,了解百度快照、相关搜索等功能。

①百度快照。每个未被禁止搜索的网页,在百度上都会自动生成临时缓存页面,称为"百度快照"。当遇到网站服务器暂时故障或网络传输堵塞时,可以通过"百度快照"快速浏览页面文本内容。百度快照只会临时缓存网页的文本内容,所以那些图片、音乐等非文本信息,仍是存储于原网页。当原网页进行了修改、删除或者屏蔽后,百度搜索引擎会根据技术安排自动修改、删除或者屏蔽相应的网页快照。

②相关搜索。百度的"相关搜索",就是和你的搜索很相似的一系列查询词。百度相关搜索排布在搜索结果页的下方,按搜索热度排序。

(11) 商务信息检索综合应用。

假如要收集红酒市场的价格、主要厂家、贸易政策等信息,可以道过"红酒""红酒价格""红酒厂家""红酒贸易""红酒贸易政策""红酒关税""红酒市场"等关键词或关键词组合进行搜索,全面收集了解红酒的主要品牌、报价、竞争情况、市场情况、贸易政策及关税等商务信息,同时还可以通过阿里巴巴等贸易平台搜索了解红酒市场交易的更多信息。

五、实验要求

(1) 利用互联网进行商务信息收集与整理是一项十分复杂的检索工作,检索前应该明确信息收集方向。目标不明确,很难得到好的检索结果。不同的搜索引擎各有优势,应结合使用。对搜索结果仍需进行鉴别,避免受到虚假信息的干扰。

(2) 根据实验情况写出实验报告,内容包括实验的操作过程、结果和体会。

(3) 要求实验报告记录实验的主要操作过程和结果,并通过实验谈谈自己的收获或体会、建议等。

六、思考题

(1) 人工分类目录服务型搜索引擎为何会走向没落?

(2) 互联网时代为何搜索引擎使用如此普及?

实验八　网络广告与网络营销

一、实验目的

（1）认识各种形式的网络广告及网络广告盈利模式；

（2）通过点击相应的网络广告查看打开的页面；

（3）掌握利用搜索引擎进行推广的方法；

（4）掌握其他常用的网络营销推广方式及应用。

二、实验内容

通过访问某商业网站，认识网络广告的形式；通过搜索引擎的使用，掌握搜索引擎营销的技巧，明确搜索引擎推广的作用。

（1）在百度搜索一个关键词，识别搜索结果中哪些是广告推广链接；

（2）浏览一个网站网页，查找并识别该页面上有哪些类别的网络广告；

（3）学习了解利用搜索引擎推广的方法；

（4）搜索互联网上使用网络广告模式的电子商务网站，了解网络广告的盈利模式；

（5）学会其他网站推广的方法。

三、实验知识准备

（一）网络广告的定义

网络广告就是在网络上做的广告，是广告主为了推销自己的产品或服务在互联网上向目标群体进行有偿的信息传达，从而引起群体和广告主之间信息交流的活动。或简言之，网络广告是指利用国际互联网这种载体，通过图文或多媒体方式，发布的营利性商业广告，是在网络上发布的有偿信息传播。

网络广告是通过网络广告投放平台以广告横幅、文本链接、多媒体的方法，在互联网上刊登或发布广告，并通过网络传递到互联网用户的一种高科技广告运作方式。与传统的四大传播媒体(报纸、杂志、电视、广播)广告及近来备受垂青的户外广告相比,网络广告具有得天独厚的优势,是实施现代营销媒体战略的重要一部分。网络广告是主要的网络营销方法之一,在网络营销方法体系中具有举足轻重的地位,事实上多种网络营销方法也都可以理解为网络广告的具体表现形式,并不仅仅限于放置在网页上的各种规格的旗帜广告,如电子邮件广告、搜索引擎关键词广告、搜索排名等都可以理解为网络广告的表现形式。无论以什么形式出现,网络广告所具有的本质特征是相同的:网络广告的本质是向互联网用户传递营销信息的一种手段,是对用户注意力资源的合理利用。互联网是一个全新的广告媒体,速度最快,效果很理想,是中小企业扩展壮大的很好途径,对于广泛开展国际业务的公司更是如此。

(二)网络广告的价值

(1)品牌推广。网络广告最主要的效果之一表现在对企业品牌价值的提升,这也说明了为什么用户浏览而没有点击网络广告同样会在一定时期内产生效果。在所有的网络营销方法中,网络广告的品牌推广价值最为显著。同时,网络广告丰富的表现手段也为更好地展示产品信息和企业形象提供了必要条件。

(2)网站推广。网站推广是网络营销的主要职能,获得尽可能多的有效访问量也是网络营销取得成效的基础。网络广告对于网站推广的作用非常明显,通常出现在网络广告中的"点击这里"按钮就是对网站推广最好的支持,网络广告(如网页上的各种旗帜广告、文字广告等)通常会跳转到相关的产品页面或网站首页,用户对于网络广告的每次点击,都意味着为网站带来了访问量的增加。因此,常见的网络广告形式对于网站推广都具有明显的效果,尤其是关键词广告、旗帜广告、电子邮件广告等。推广的方式有很多,一般有付费的推广(如百度付费等)和免付费的推广,也有一些功能特别强大的组合营销软件,可以实现多方位的网络营销,功能特别强大,只需要简单的操作,即可让您的潜在用户通过网络主动找到您,特别方便。

(3)销售促进。用户由于受到各种形式的网络广告吸引而获取产品信息,已成为影响用户购买行为的因素之一,尤其当网络广告与企业网站、网上商店等网络营销手段相结合时,这种产品促销活动的效果更为显著。网络广告对于销售的促进作用不仅表现在直接的在线销售,也表现在通过互联网获取产品信息后对网下销售的促进。

（4）在线调研。网络广告对于在线调研的价值可以表现在多个方面，如对消费者行为的研究、在线调查问卷的推广、对各种网络广告形式和广告效果的测试、获取用户对于新产品的看法等。通过专业服务商的邮件列表开展在线调查，企业可以迅速获得特定用户群体的反馈信息，大大提高市场调查的效率。

（5）顾客关系的建立和改善。网络广告所具有的对用户行为的跟踪分析功能为深入了解用户的需求和购买特点提供了必要的信息，这种信息不仅成为网上调研内容的组成部分，也为建立和改善顾客关系提供了必要条件。网络广告对顾客关系的改善也促进了品牌忠诚度的提高。

（6）信息发布。网络广告是向用户传递信息的一种手段，因此可以理解为信息发布的一种方式，通过网络广告投放，企业不仅可以将信息发布在自己的网站上，也可以发布在用户数量更多、用户定位程度更高的网站，或者直接通过电子邮件发送给目标用户，从而获得更多用户的注意，大大增强了网络营销的信息发布功能。

（三）网络广告的特征

同传统的广告媒体相比，网络广告的特征主要体现在以下方面：

（1）广泛和开放性；

（2）实时和可控性；

（3）直接和针对性；

（4）双向和交互性；

（5）易统计和可评估性；

（6）传播信息的非强迫性；

（7）广告受众数量的可统计性；

（8）网络信息传播的感官性。

（四）网络广告的形式

（1）横幅广告。横幅广告又称旗帜广告（Banner），是以 GIF、JPG、SWF 等格式建立的图像文件，定位在网页中，大多用来表现广告内容。一般位于网页的最上方或中部，用户注意程度比较高。同时还可使用 Java 等语言使其产生交互性，用 Shockwave 等插件工具增强表现力，是经典的网络广告形式。

（2）竖幅广告。竖幅广告位于网页的两侧，广告面积较大，较狭窄，能够展示较多的广告内容。

（3）文本链接广告。文本链接广告是以一排文字作为一个广告，点击链接可以进入相应的广告页面。这是一种对浏览者干扰最少，但却较为有效果的网络广告形式。有时候，最简单的广告形式效果却最好。

（4）电子邮件广告。电子邮件广告又称 EDM 直投广告，EDM 即 Email Direct Marketing 的缩写，即电子邮件直投。EDM 是利用电子邮件方式，向用户精准投递行业资讯、广告信息的直投产品，定向投放对方可能感兴趣或者是需要的广告及促销内容，以及派发礼品、调查问卷，并及时获得目标客户的反馈信息。电子邮件广告具有针对性强（除非肆意滥发）、费用低廉的特点，且广告内容不受限制。它可以针对具体某一个人发送特定的广告，为其他网上广告方式所不及。

（5）按钮广告。按钮广告一般位于页面两侧，根据页面设置有不同的规格，动态展示客户要求的各种广告效果。

（6）浮动广告。浮动广告在页面中随机或按照特定路径飞行。

（7）插播式广告（弹出式广告）。访客在请求登录网页时强制插入一个广告页面或弹出广告窗口。它们有点类似于电视广告，都是打断正常节目的播放，强迫观看。插播式广告有各种尺寸，有全屏的也有小窗口的，而且互动的程度也不同，从静态的到全部动态的都有。

（8）富媒体（Rich Media）广告。富媒体广告一般是指使用浏览器插件或其他脚本语言、Java 语言等编写的具有复杂视觉效果和交互功能的网络广告。这些效果的使用是否有效，一方面取决于站点的服务器端设置，另一方面取决于访问者浏览器是否能查看。一般来说，Rich Media 能表现更多、更精彩的广告内容。

（9）其他新型广告。其他新型广告包括视频广告、巨幅连播广告、翻页广告、论坛版块广告等。

（10）定向广告。定向广告可按照人口统计特征，针对指定年龄、性别、浏览习惯等的受众投放广告，为客户找到精确的受众群。

（五）网络广告的主要计费方式

（1）CPA（Cost Per Action）：每次行动的费用。即根据每个访问者对网络广告所采取的行动来收费的定价模式。对于用户行动有特别的定义，包括形成一次交易、获得一个注册用户或者点击一次网络广告等。

（2）CPC（Cost Per Click）：每次点击的费用。根据广告被点击的次数收费，如关键词广告一般采用这种计价模式。

（3）CPM(Cost Per Thousand Impressions)：每千次印象费用。广告条每显示1000次（印象）的费用。CPM是最常用的网络广告定价模式之一。

（4）CPO(Cost Per Order)：也称为Cost Per Transaction,即根据每个订单/每次交易来收费的方式。

（5）PPC(Pay Per Click)：根据点击广告或者电子邮件信息的用户数量来付费的一种网络广告定价模式。

（6）PPL(Pay Per Lead)：根据每次通过网络广告产生的引导付费的定价模式。例如,广告客户为访问者点击广告完成了在线表单而向广告服务商付费。这种模式常用于网络会员制营销模式中为联盟网站制定的佣金模式。

（7）PPS(Pay Per Sale)：根据网络广告所产生的直接销售数量而付费的一种定价模式。

（8）CPTM(Cost Per Targeted Thousand Impressions)：经过定位的用户（如根据人口统计信息定位）的千次印象费用。

（9）CPS(Cost Per Sales)：以实际销售产品数量来换算广告刊登金额。

（六）网络广告营销推广步骤

第一步,确立网络广告目标;

第二步,确定网络广告预算;

第三步,广告信息决策;

第四步,网络广告媒体资源选择;

第五步,网络效果监测和评价。

（七）网络广告效果评估

网络广告效果评估,是指网络广告活动实施以后,通过对广告活动过程的分析、评价及效果反馈,检验广告活动是否取得了预期效果的行为。

（1）点击数。是指网络使用者进入网站后,点选过某特定广告的总次数,点选次数愈多,就表示广告愈受欢迎,广告的效果也就愈佳,而广告业者可以依点选的次数多寡,评估广告成功与否。

（2）点击率。点击率是指网上广告被点击的次数与被显示次数之比。它一直都是网络广告最直接、最有说服力的评估指标之一。点击行为表示那些准备购买产品的消费者对产品感兴趣的程度,因为点击广告者很可能是那些受广告影响而形成购买决策的客户,或者是对广告中的产品或服务感兴趣的潜在客户,也就是具有高潜在价值的客户,如果准确识别出这些客户,并针对他们进行有效的定向广告和推广活动,可以对业务开展有很大的帮助。

(3)二跳率。当网站页面展开后,用户在页面上产生的首次点击被称为"二跳",二跳的次数即为"二跳量"。二跳量与浏览量的比值称为页面的二跳率。这是一个衡量外部流量质量的重要指标,该值初步反映广告带来的流量是否有效,同时也能反映出广告页面的哪些内容是购买者所感兴趣的,进而根据购买者的访问行径,来优化广告页面,提高转化率和线上交易额,大大提升网络广告投放的精准度,并为下一次的广告投放提供指导。

(4)业绩增长率。对一部分直销型电子商务网站,评估它们所发布的网络广告最直观的指标就是网上销售额的增长情况,因为网站服务器端的跟踪程序可以判断买主是从哪个网站链接而来、购买了多少产品、购买了什么产品等情况,从而对于广告的效果有最直接的体会和评估。

(5)回复率。回复率是指网络广告发布期间及之后一段时间内客户表单提交量、公司电子邮件数量的增长率,收到询问产品情况或索要资料的电话、信件、传真等的增长情况等。回复率可作为辅助性指标来评估网络广告的效果,但须注意它应该是由于看到网络广告而产生的回复。

(6)转化率。"转化"被定义为受网络广告影响而形成的购买、注册或者信息需求。有时,尽管顾客没有点击广告,但仍会受到网络广告的影响而在其后购买商品。

(八)网络广告营销

网络广告营销就是企业利用网络媒体通过网络广告形式,配合企业整体营销战略,发挥网络互动性、及时性、多媒体、跨时空等特征优势,策划吸引客户参与的网络广告形式,选择适当网络媒体进行网络广告投放。网络营销推广是以当今互联网为媒介的一种推广方式,在网上把自己的产品或者服务利用网络手段与媒介推广出去,使自己的企业能获得更高的利益。

四、实验方法与步骤

(1)打开新浪网(http://www.sina.com.cn)页面并进行浏览,认识该页面上有哪些网络广告形式,点击打开若干网络广告查看是什么广告内容。点击打开某条新闻链接,查看在该打开的页面又有哪些网络广告形式,分析该页面的广告与你最近在购物网站搜索浏览的商品有无相关。

(2) 打开中国食品产业网(http://www.foodqs.cn),看看页面上有哪些形式的广告。并点击该网站页面最底下的"广告服务",认识各种广告的形式、大小和放置位置,如图 3-1 所示。

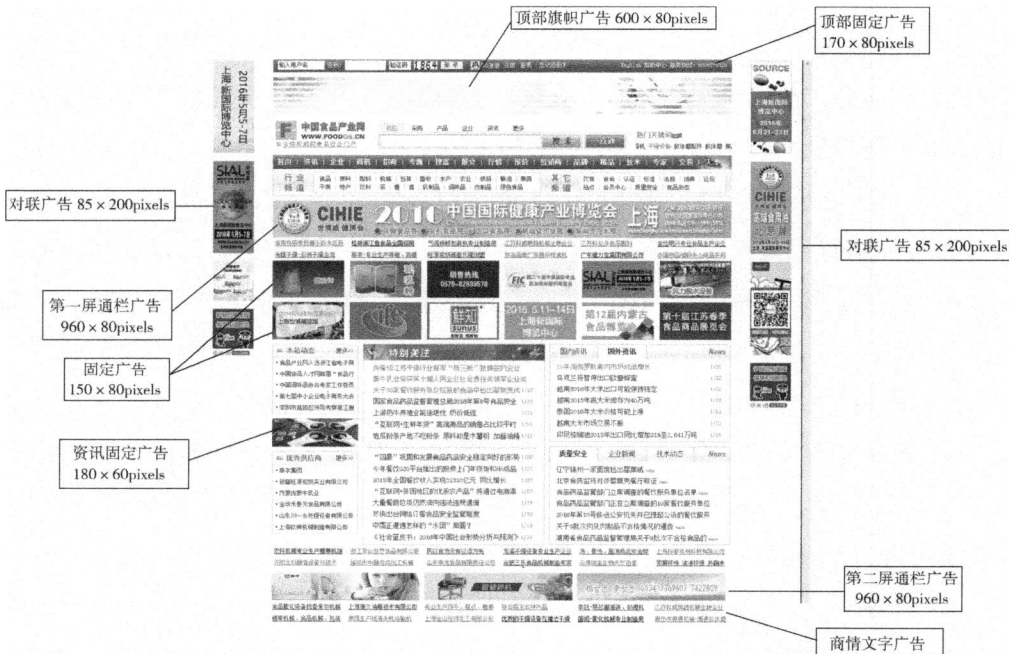

图 3-1 中国食品产业网广告服务

(3) 通过搜索引擎检索,认识百度的搜索推广和网盟推广服务。

(4) 了解百度广告在搜索结果的展现位置,即标记为"推广链接"的右侧和左侧广告。如搜索"ERP",查看搜索结果第一页有哪些广告。了解百度广告链接中的"V"标识表示什么。将鼠标放在某广告链接后面的"V"上,在显示的批注中点击"百度信誉 V 等级评定",在打开的页面查看该广告主的认证、信誉和网民评价等信息。

(5) 进入 http://e.baidu.com 百度推广平台,点击"产品服务",了解"搜索推广""网盟推广"的产品原理、产品优势、展现形式等内容,并了解加入百度推广的开户流程,具体如图 3-2 至图 3-5 所示。

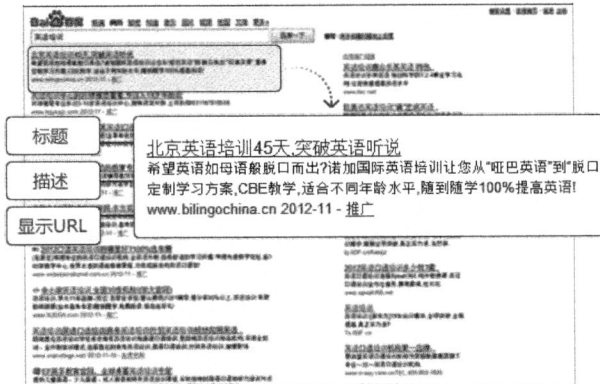

图 3 - 2　搜索推广广告展现形式之一

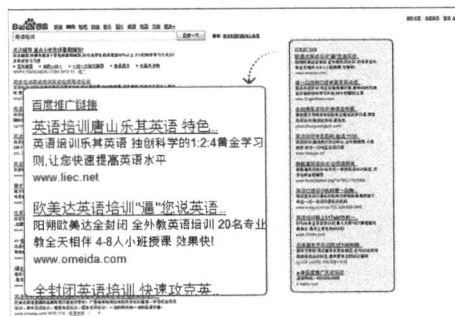

图 3 - 3　搜索推广广告展现形式之二

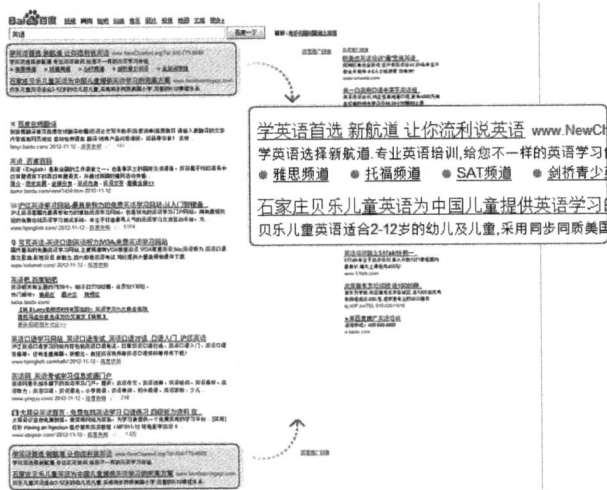

图 3 - 4　搜索推广广告展现形式之三

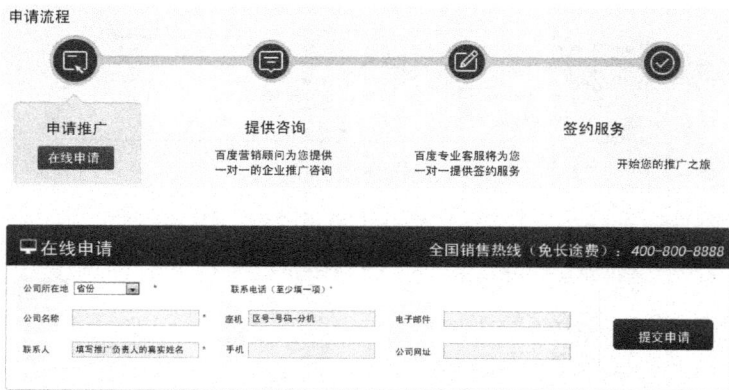

图 3-5　百度推广在线开户流程

点击进入"百度推广虚拟体验中心",进行虚拟营销体验。

（6）网络条件如允许,可通过访问谷歌网站,认识 AdWords 关键词推广和 AdSense 推广服务,比较百度推广与谷歌推广的区别,评价它们的合理性。

（7）注册某论坛账号,学会利用签名档进行网络营销的方法。

（8）学习了解通过 QQ（QQ 好友、QQ 群、QQ 空间）、微信（微信好友、微信群、微信朋友圈以及微信公众号等）进行营销推广的方法。

（9）以双龙红酒公司需要推广企业网站及其红酒产品为例,请你初步设计应采用哪些推广渠道和推广方法,并请找出适合做搜索推广的三个关键词。

五、实验要求

（1）要求结合某企业的情况,设计一个网络广告营销推广方案,分析网络广告的优势,探讨企业网络营销策略。

（2）根据实验情况写出实验报告,内容包括实验的操作过程、结果和体会。

（3）要求实验报告记录实验的主要操作过程和结果,并通过实验谈谈自己的收获或体会、建议等。

六、思考题

（1）搜索查看百度最近时期的财务报告,了解百度广告收入及盈利情况,分析百度是如何盈利的。

（2）分析搜索引擎这种广告商业模式的发展前景。

第四章　电子商务商业模式应用实验

实验九　B2C 网上购物

一、实验目的

（1）体验网上购物优势；

（2）掌握网上购物的一般流程。

二、实验内容

通过访问某 B2C 网站,学习了解网上购物流程,通过真实的网上购物过程,体验网上购物方便、快捷、实惠的优势。

（1）在 B2C 网站搜索、浏览、选购某物品；

（2）进行"加入购物车"的操作；

（3）完成注册登录,填写相应用户信息,对支付、送货方式等进行设置；

（4）订单提交,进行订单查询操作；

（5）完成网上支付,等待收货。

三、实验知识准备

（一）B2C 的定义

B2C 是英文 Business-to-consumer（商家对客户）的缩写，而其中文简称为"商对客"。"商对客"是电子商务的一种模式，也就是通常说的商业零售，直接面向消费者销售产品和服务。这种形式的电子商务一般以网络零售业为主，主要借助于互联网开展在线销售活动。

（二）B2C 网购的优点

对于消费者来说：可以在家"逛商店"，订货不受时间、地点的限制；获得大量的商品信息，可以买到当地没有的商品；网上支付较传统拿现金支付更加安全，可避免现金丢失或遭到抢劫；从订货、买货到货物上门无须亲临现场，既省时，又省力；由于网上商品省去租店面、招雇员及储存保管等一系列费用，总的来说较一般商场的同类商品更价廉；可以保护个人隐私，可以避免去实体店购买有些商品时的尴尬、难堪。

对于商家来说：由于网上销售库存压力较小、经营成本低、经营规模不受场地限制等，在将来会有更多的企业选择网上销售，通过互联网对市场信息的及时反馈适时调整经营战略，以此提高企业的经济效益和参与市场竞争的能力。

对于整个市场经济来说：这种新型的购物模式可在更大的范围内、更广的层面上以更高的效率实现资源配置。

综上可以看出，网上购物突破了传统商务的障碍，无论对消费者、企业还是市场都有着巨大的吸引力和影响力，在新经济时期无疑是达到"多赢"效果的理想模式。

（三）网购技巧

1. 购买前

购买前应做到：①利用网购导航进行网购；②选择产品一定要与卖家多交流；③购买商品时，收货人的资料要填写准确，以免出现收货错误。

2. 购买中

看：仔细看商品图片，分辨是商业照片还是店主自己拍的实物照片，而且还要注意图片上的水印和店铺名。

问：通过询问产品相关问题，一是了解商家对产品的了解程度，二是看商家的态度，品行不好的卖家买了他的东西也是麻烦。

查：查店主的信用记录。看其他买家对此款或相关产品的评价。如果有中差评，要仔细看店主对该评价的解释。

3. 识别网购陷阱，保证网购安全

（1）低价诱惑。在网站上，如果许多产品以市场价的半价甚至更低的价格出售，这时就要提高警惕，想想为什么它会这么便宜，特别是名牌产品，因为知名品牌产品除了二手货或次品货，正规渠道进货的名牌产品是不可能和市场价相差那么远的。

（2）高额奖品。有些不法网站、网页，往往利用巨额奖金或奖品诱惑吸引消费者浏览网页，并购买其产品。

（3）虚假广告。有些网站提供的产品说明夸大甚至虚假宣传，消费者点击进入之后，购买到的实物与网上看到的样品不一致。

（4）设置格式条款。买货容易退货难，一些网站的购买合同采取格式化条款，对网上售出的商品不承担"三包"责任、没有退换货说明等。国家工商总局颁布的《网络交易管理办法》（2014 年 3 月 15 日起施行）规定，网购商品支持 7 天内可无理由退货。

（5）骗取个人信息。网上购物时不要轻易向卖家泄露个人详细资料，在设置账户密码时尽量不要简单地使用自己的个人身份信息。遇到类似电话核实的，一定要问明对方身份再视情形配合。

（6）网络"钓鱼"盗信息。不要随意打开聊天工具中发送过来的陌生网址，不要打开陌生邮件和邮件中的附件，及时更新杀毒软件。一旦遇到需要输入账号、密码的环节，交易前一定要仔细核实网址是否准确无误，再进行填写。

四、实验方法与步骤

（1）打开 http://www.dangdang.com、http://www.amazon.cn（或 http://www.Z.cn）、http://www.jd.com 等购物网站的主页，学习了解购物流程。图 4－1 为当当网购物流程。

（2）通过分类查找、关键词搜索或点击主页中的广告等方式查找自己需要的某种图书,如在图书分类中搜索"电子商务教程",显示搜索结果。

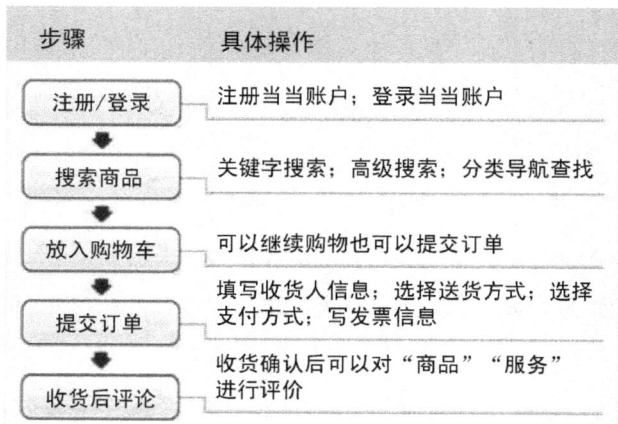

图 4-1　当当网购物流程

(3) 点击搜索结果中的《新编电子商务教程》的标题名称或图片,了解详细的信息,如图 4-2 所示。

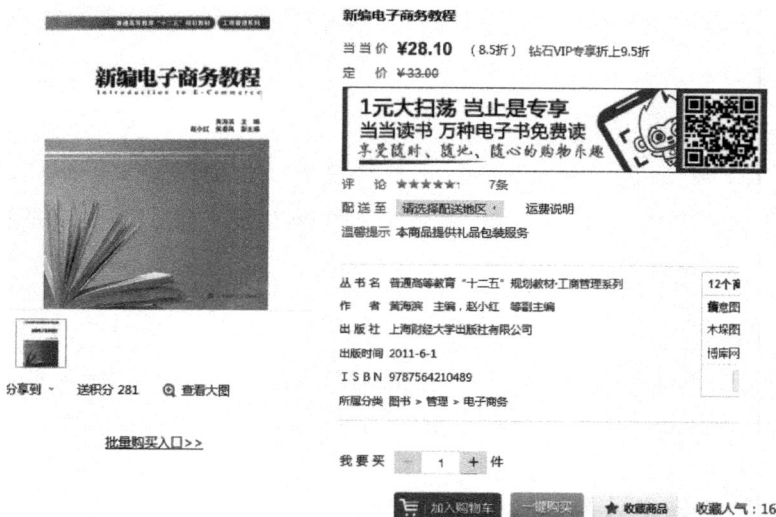

图 4-2　图书详情页面

(4) 选择好配送区域,页面将显示是否有货及如果立即下单大概能配送到的时间。如准备购买此商品,点击"加入购物车",并可查看和修改购物车,点击"继续挑选商品"按钮继续选购其他商品。

（5）在购物车中点击"结算"，显示购物车信息，可以进行"删除""收藏"以及增减数量等操作，如图4-3所示。

图4-3 购物车信息

（6）如点击"结算"按钮，则在弹出的页面中按要求进行用户注册与登录。

（7）填写完整的送货地址等个人购物信息，如图4-4所示。

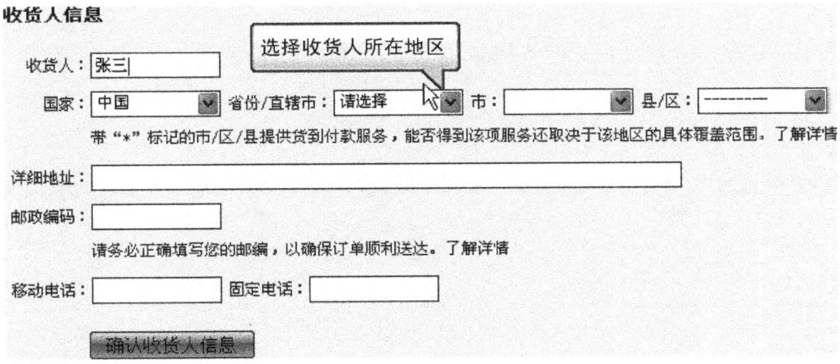

图4-4 填写收货人信息

（8）按提示选择相应的物流送货方式，如图4-5所示。

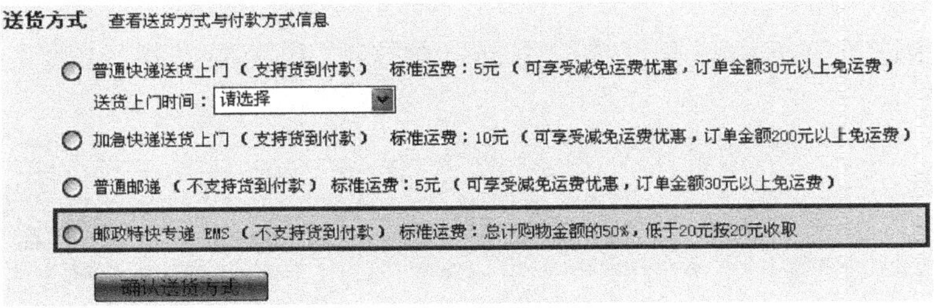

图4-5 送货方式选择

（9）选择付款方式，如图4-6所示。

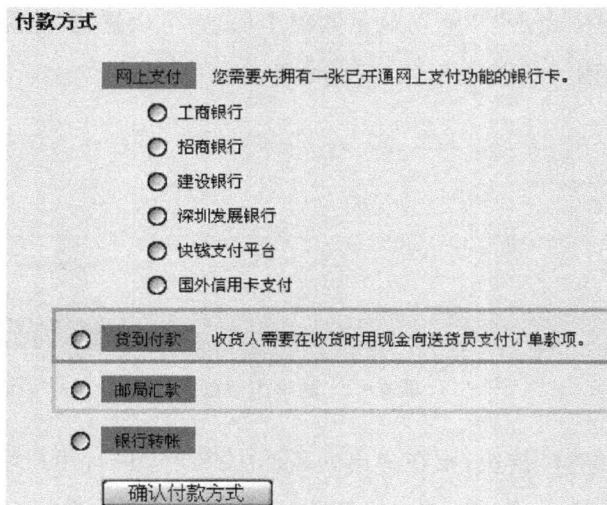

图4-6 付款方式选择

(10) 如需要发票,填写发票信息,全部设置好后点击"提交订单"。订单提交页面如图4-7所示。

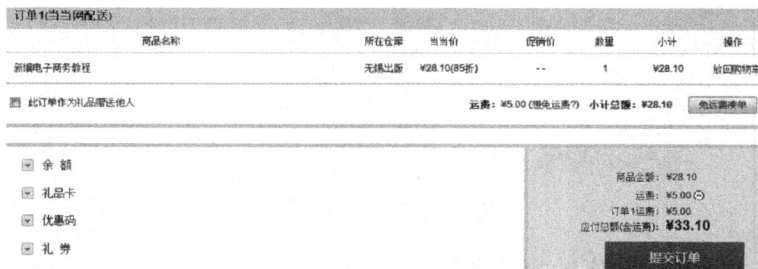

图4-7 订单提交页面

(11) 在订单管理中查看订单或进行订单修改、取消等操作,如图4-8所示。

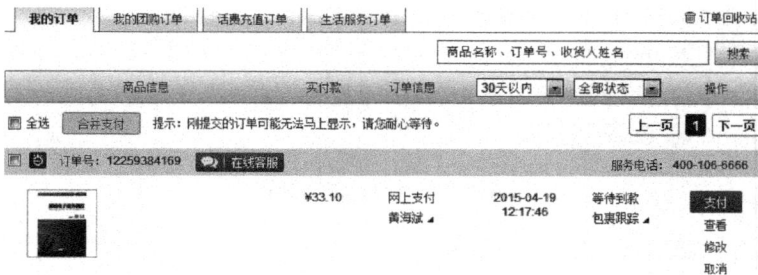

图4-8 订单查询

（12）如需要履行订单,则点击"网上支付"链接以完成网上支付后,使订单得以确认生效,最后等待收货。

五、实验要求

根据实验情况写出实验报告,要求实验报告记录实验的主要操作过程和结果,并通过实验谈谈自己的收获或体会、建议等。

六、思考题

（1）当当网的经营业绩不大理想,为何独立 B2C 盈利艰难?

（2）当当网为何要向百货转型?

实验十　B2B 网上贸易

一、实验目的

（1）了解 B2B 网站的运作流程;

（2）通过 B2B 网站的账户申请和应用,掌握 B2B 网站的主要功能和应用。

二、实验内容

（1）在某 B2B 网站注册为普通会员;

（2）学习了解 B2B 网站的主要功能和服务;

（3）以会员身份登录后进行供求信息发布和修改等操作,尝试联系客户;

（4）了解 B2B 网站的交易流程和相应的配套服务功能。

三、实验知识准备

（一）定义

B2B 是指进行电子商务交易的供需双方都是商家(或企业、公司),它们使用互联网的技术或各种商务网络平台,完成商务交易的过程。

（二）分类

（1）垂直 B2B(Vertical B2B, Directindustry B2B)可以分为两个方向，即上游和下游。生产商或商业零售商可以与上游的供应商之间形成供货关系，比如 Dell 电脑公司与上游的芯片和主板制造商就是通过这种方式进行合作。生产商与下游的经销商可以形成销货关系，比如 Cisco 与其分销商之间进行的交易。

（2）水平 B2B，它是将各个行业中相近的交易过程集中到一个场所，为企业的采购方和供应方提供了一个交易的机会，像阿里巴巴、中国制造网、环球资源、中国化工网、中国供应商、慧聪网、敦煌网等。

（三）常规流程

第一步，商业客户向销售商订货，首先要发出"用户订单"，该订单应包括产品名称、数量等等一系列有关产品问题。

第二步，销售商收到"用户订单"后，根据"用户订单"的要求向供货商查询产品情况，发出"订单查询"。

第三步，供货商在收到并审核完"订单查询"后，给销售商返回"订单查询"的回答，基本上是有无货物等情况。

第四步，销售商在确认供货商能够满足商业客户"用户订单"要求的情况下，向运输商发出有关货物运输情况的"运输查询"。

第五步，运输商在收到"运输查询"后，给销售商返回"运输查询"的回答。如：有无能力完成运输，及有关运输的日期、线路、方式等要求。

第六步，在确认运输无问题后，销售商即刻给商业客户的"用户订单"一个满意的回答，同时要给供货商发出"发货通知"，并通知运输商运输。

第七步，运输商接到"运输通知"后开始发货，接着商业客户向支付网关发出"付款通知"。

第八步，支付网关向销售商发出交易成功的"转账通知"和银行结算票据等。

（四）操作技巧

（1）内容制作。高质量的产品图片更能吸引买家的注意，详细的产品说明更能让客户熟悉你的产品，任何一个平台都是如此。

（2）关键词。在发布产品的时候，所有 B2B 平台都提供了一个让客户自己选择添加关键词的地方。注意要选择精准的词，买家可以更快地找到您。

（3）排名优化。排得越靠前的产品越容易被发现。排名靠前最简单的办法是对已经发布的商品不变更内容，进行重新发布，定期地更新产品。或者是内容的专业，关键词的精准，对排名优化也很有帮助。

（4）广告投放。通常所有 B2B 平台的首页和次级栏目页都有广告位出租。

（五）功能结构

（1）前台：业务展示平台，进行销售活动。

（2）后台：系统管理平台，整合业务体系，包括进销存数据、天猫/淘宝数据（商品、订单、会员信息）、物流信息、库存等。

（3）功能模块：可视化编辑模板、主流支付方式（支付宝、财付通、网银等）、物流公司（EMS、申通等）、第三方快捷登录（QQ、微博、淘宝等）、批发规则个性定制（针对不同用户定制不同方案）、会员营销（导入淘宝会员、短信邮件营销）、分析报表（销售额、销量、流量等数据分析）等。

四、实验方法与步骤

（1）开机，打开 IE 浏览器窗口。

（2）在地址栏中输入 http://www.1688.com 网站的域名，打开阿里巴巴国内网站主页。

（3）通过帮助主题学习了解 B2B 网站的主要功能和一般流程。

（4）尝试注册为普通会员（注：淘宝会员账号通用），然后以会员身份登录"我的阿里"，如图 4-9 所示。

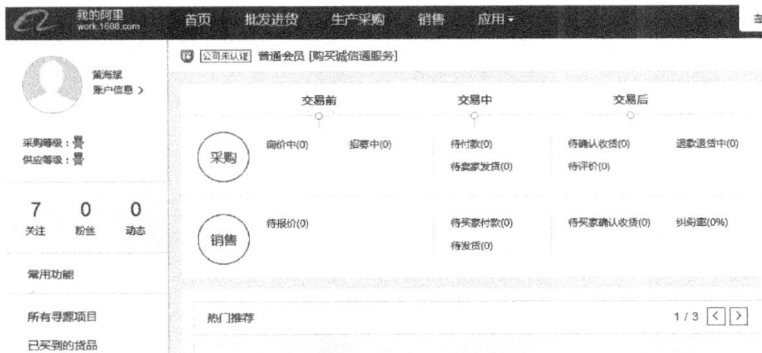

图 4-9 "我的阿里"页面

（5）开设阿里店铺，开店流程如图 4 - 10 所示。

阿里做生意，只需 4 步

1. 开店准备　　2. 开通旺铺　　3. 发布产品　　4. 在线销售

图 4 - 10　阿里开店流程

①开店准备

● 身份认证

个人身份认证流程与淘宝、支付宝实名认证相同。下面简单介绍一下企业实名认证步骤。

第一步：

完成认证可以提高交易对象对您的信任度，也是阿里巴巴在线交易的基础工作，如图 4 - 11 所示。

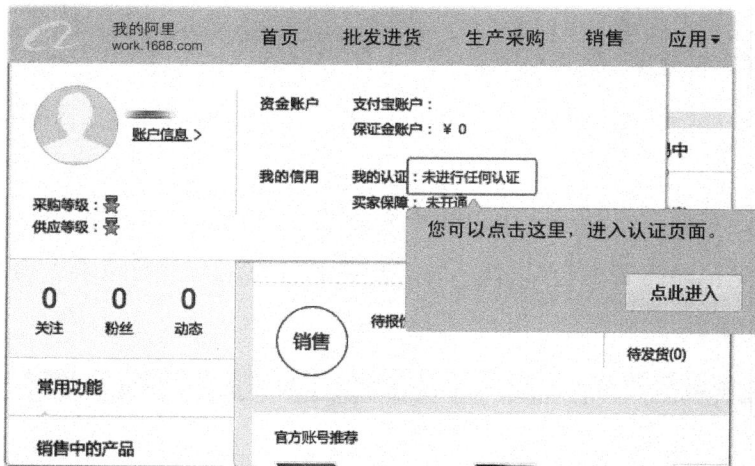

图 4 - 11　企业实名认证第一步

第二步：

我们为您提供了多种不同种类的认证，您可以根据您的需求来进行选择，如图 4 - 12 所示。

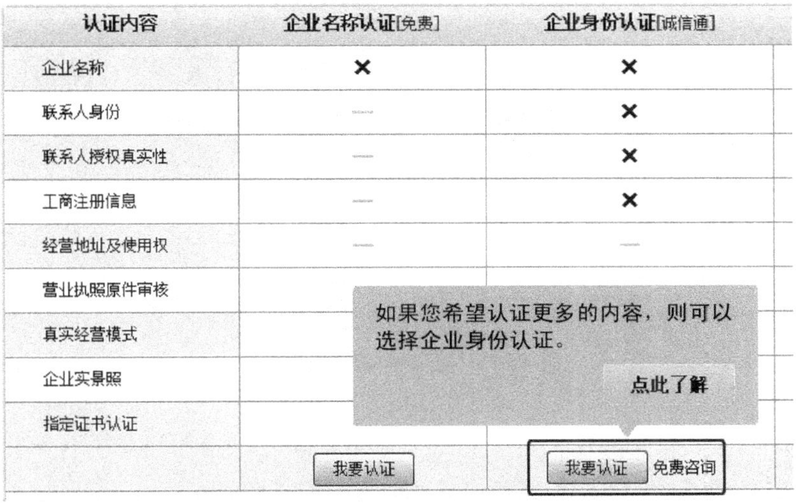

图 4 - 12　企业实名认证第二步

第三步：

点击进入企业名称认证页面，进行相关信息的填写，如图 4 - 13 所示。

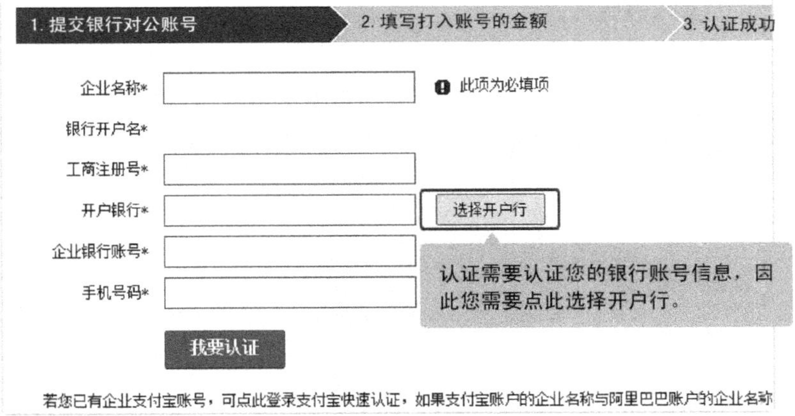

图 4 - 13　企业实名认证第三步

第四步：

完成信息提交，等待银行打款，如图 4 - 14 所示。

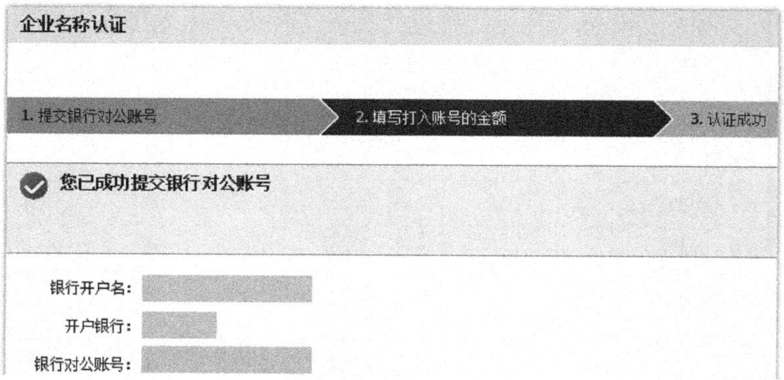

图 4-14　企业实名认证第四步

第五步：

查询到打款金额并输入，完成认证，如图 4-15 所示。

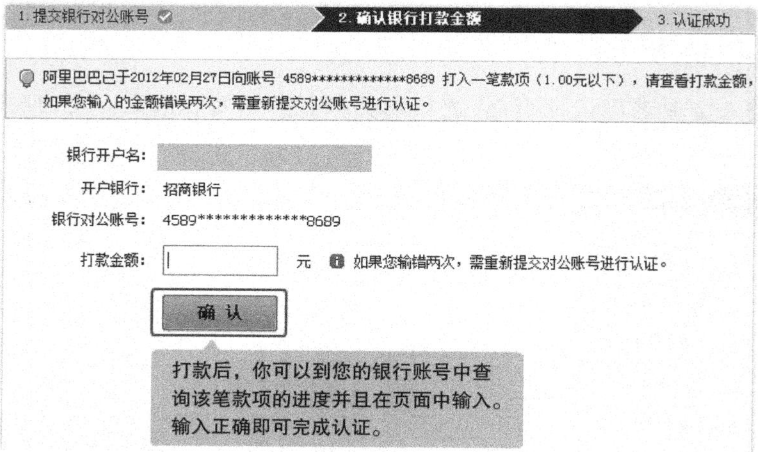

图 4-15　企业实名认证第五步

● 绑定支付宝

绑定支付宝使交易更加安全，并能提供交易记录的查询和管理。绑定支付宝步骤如下。

第一步：

打开"我的阿里"，查看账户信息，点击支付宝账户，绑定支付宝，如图 4-16 所示。

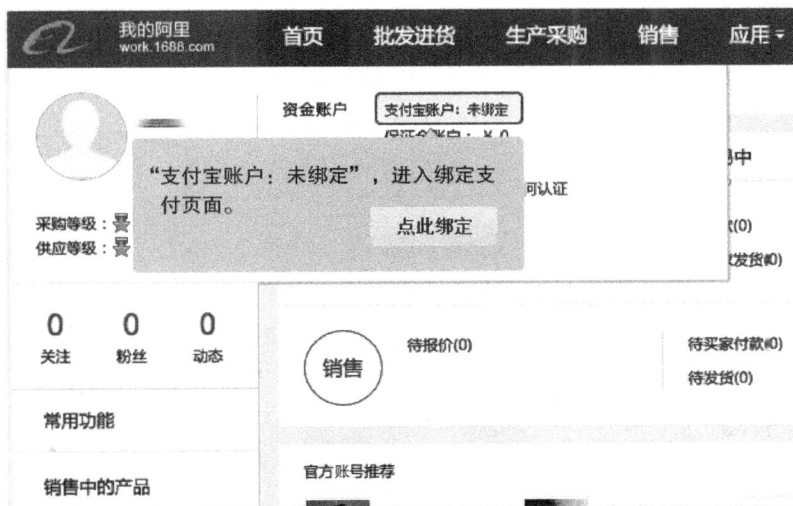

图 4 - 16　绑定支付宝第一步

第二步：

打开我的阿里，查看账户信息，点击支付宝账户，绑定支付宝，如图 4 - 17 所示。

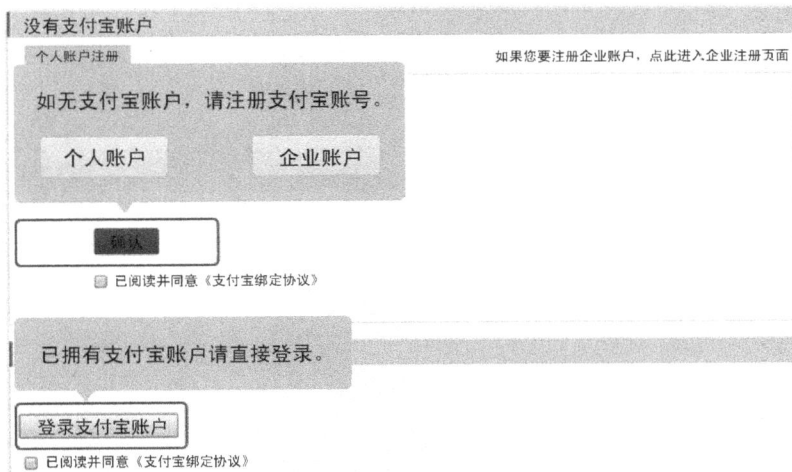

图 4 - 17　绑定支付宝第二步

第三步：

点击右上角的"点击进入企业注册页面"，注册企业支付宝账户，如图 4 - 18 所示。

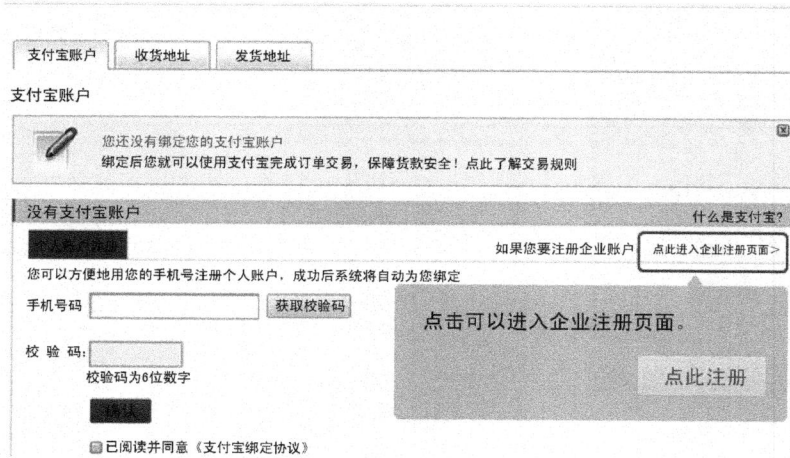

图 4 - 18　绑定支付宝第三步

第四步：

填入电子邮箱和验证码，点击下一步，如图 4 - 19 所示。

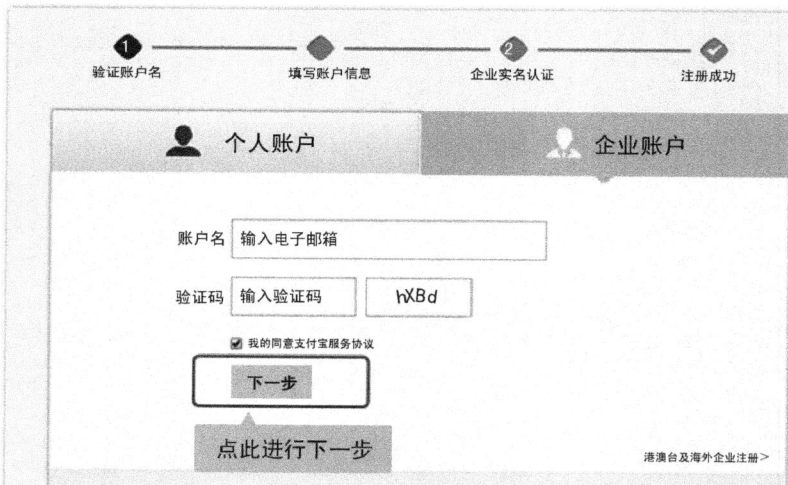

图 4 - 19　绑定支付宝第四步

第五步：

点击"立即查收邮件"，查收验证邮件，如图 4-20 所示。

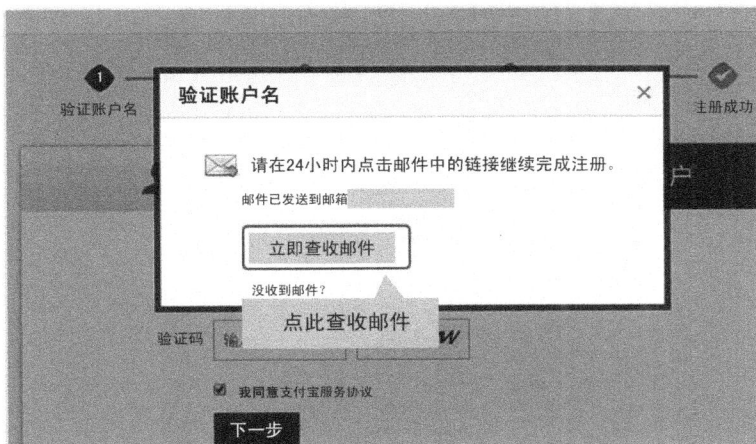

图 4-20　绑定支付宝第五步

第六步：

打开验证邮箱，查收验证邮件，点击链接完成注册，如图 4-21 所示。

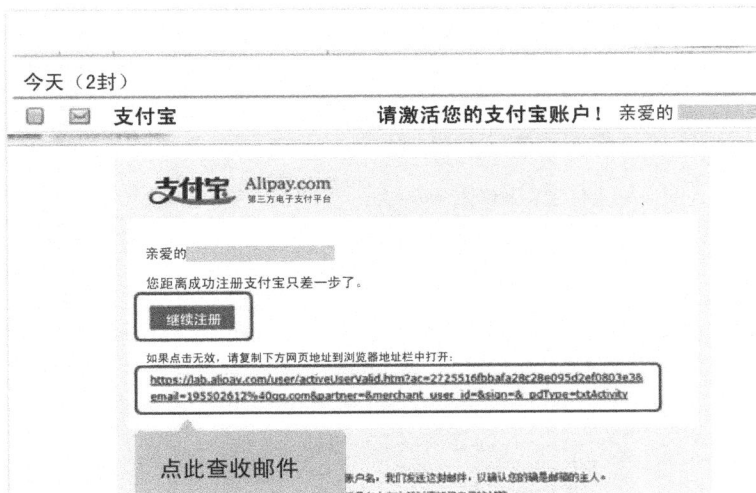

图 4-21　绑定支付宝第六步

第七步：

填写注册账户信息，点击"下一步"继续完善信息，如图 4-22 所示。

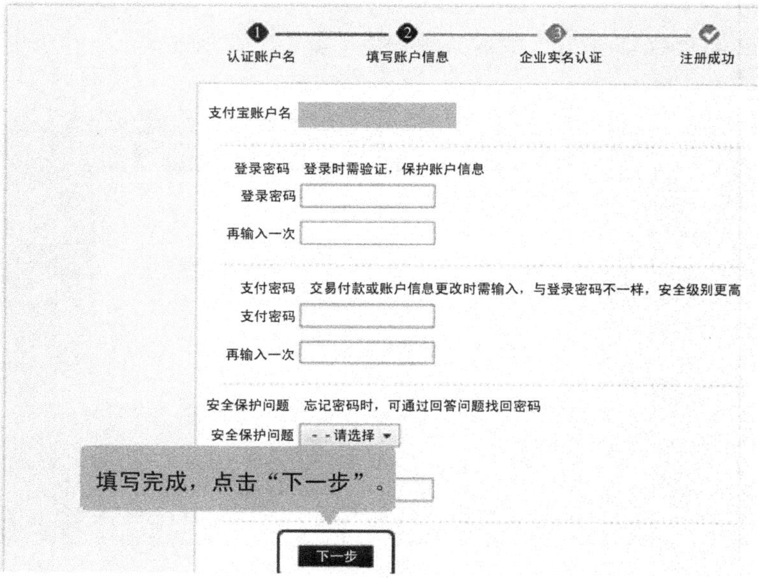

图 4 - 22　绑定支付宝第七步

第八步：

申请公司类型的支付宝账户,需进行支付宝实名认证,点击立即申请,如图 4 - 23 所示。

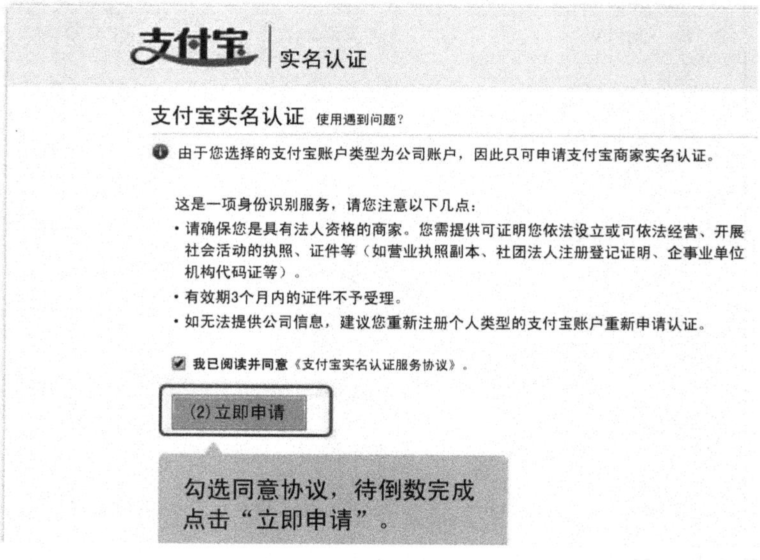

图 4 - 23　绑定支付宝第八步

第九步：

可以以法人名义或代理人名义申请商家认证，如图 4 - 24 所示。

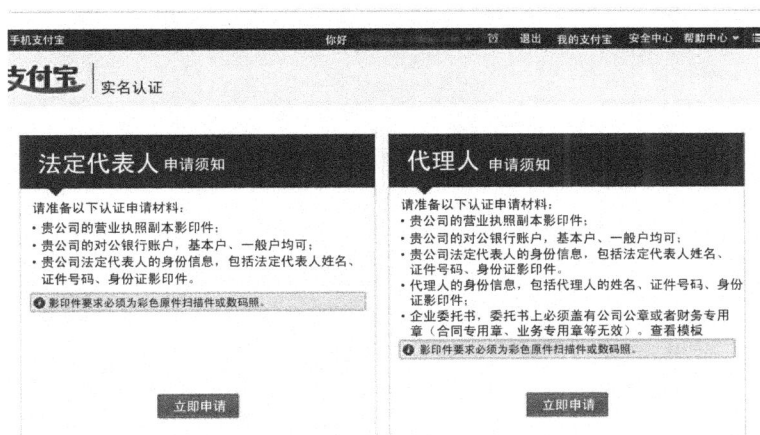

图 4 - 24　绑定支付宝第九步

● 下载安装千牛工作平台

千牛是网上开店的一站式管理平台，支持店铺管理、经营咨询查询等功能。下载地址是 http://page.1688.com/qianniu/index.html？spm＝a1z1x.6879473.0.0.qEF7WN&tracelog＝aliww_int_downloadpageQN，下载完成后按提示安装即可。

②开通旺铺

旺铺是阿里巴巴为网商量身打造的企业营销型产品，用来展示您的公司和产品信息，助您开启网上生意之门。您可以根据您的实际情况选择开通旺铺入门版、标准版或豪华版。开通旺铺后要根据需要进行旺铺装修美化。

③发布信息

发布供应信息可以将公司的产品展示给供应商，吸引采购商进店咨询与采购。可试着发布公司供应信息（实验时可自己虚拟设计一家公司，为避免受打扰，请在公司介绍中说明只是实验发布）。发布供求信息时要注意以下几点：标题要包含买家搜索该产品时会用的关键字，类目要选对，属性要写得全，产品介绍要详细。发布供应信息步骤如下。

第一步：

打开"我的阿里"，点击上方蓝色栏目中的"销售"，进入页面后选择左侧通栏的"供应产品——发布供应产品",如图 4-25 所示。

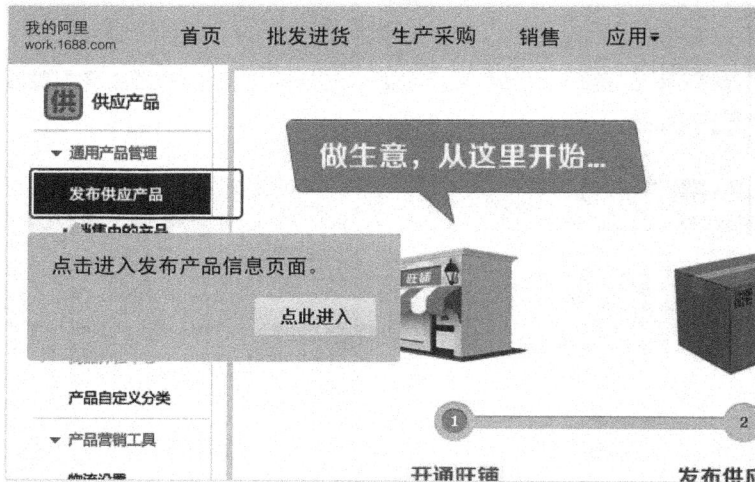

图 4-25　发布供应信息第一步

第二步:

点击"我要发布"按钮,进入发布页面,如图 4-26 所示。

图 4-26　发布供应信息第二步

第三步:

按照提示选择产品的类目,建议在搜索框中搜索产品名称,搜索类目,如图 4-27
所示。

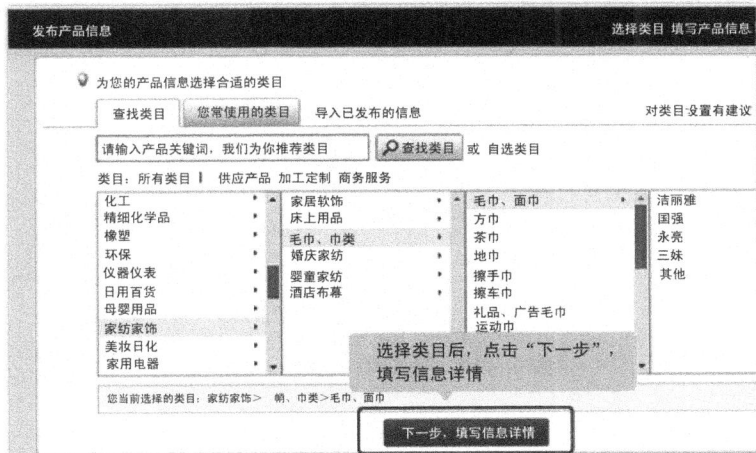

图 4 - 27 发布供应信息第三步

第四步：

填写完成产品详情，点击"同意协议条款，我要发布"，如图 4 - 28 所示。

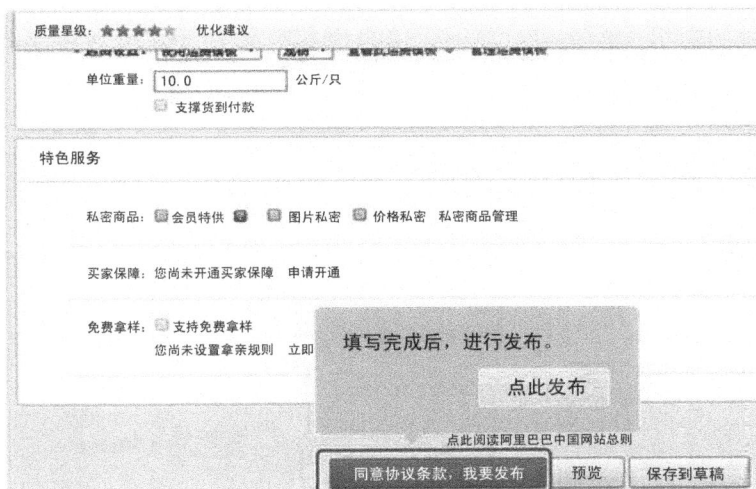

图 4 - 28 发布供应信息第四步

第五步：

发布完成之后需要经过两个工作小时的审核，审核通过后发布上线，如图 4 - 29 所示。

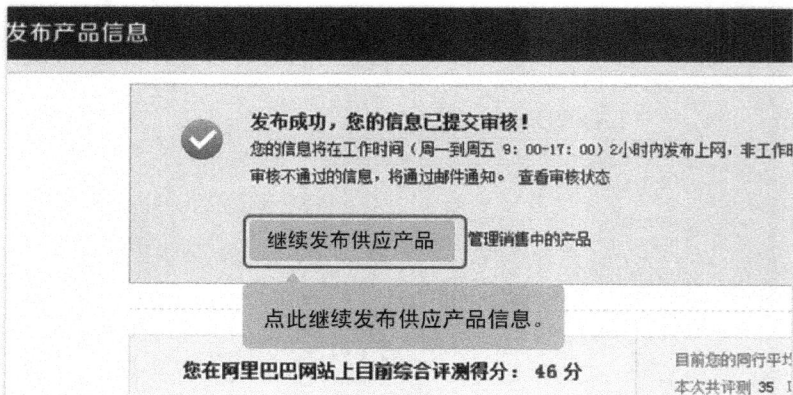

图 4 - 29　发布供应信息第五步

④管理供应信息

产品信息发布后,可及时调整产品状态,对网站上的产品进行上架、下架、修改、删除、重发等操作,主要操作步骤如下。

第一步:

进入"我的阿里——供应产品——销售中的产品",可以找到店铺内所有产品信息,如图 4 - 30 所示。

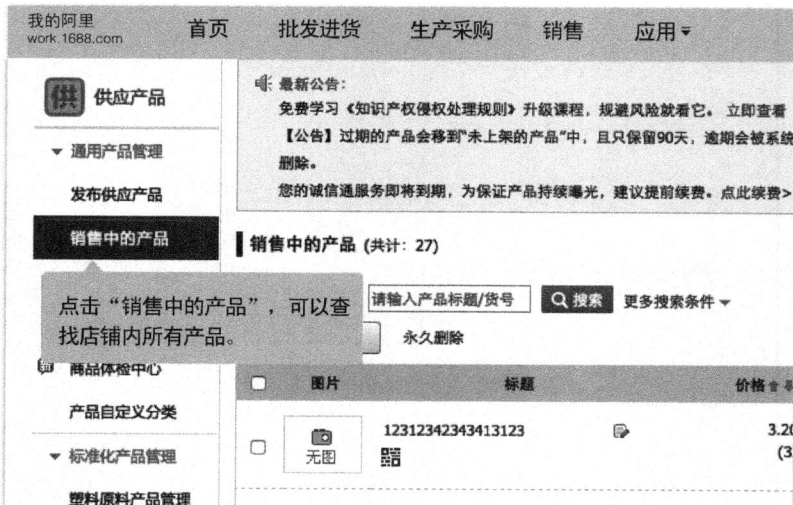

图 4 - 30　销售中的产品页面

第二步：

选择需要重发的产品,点击右上角的"重发"按钮可重新发布产品,如图 4－31 所示。

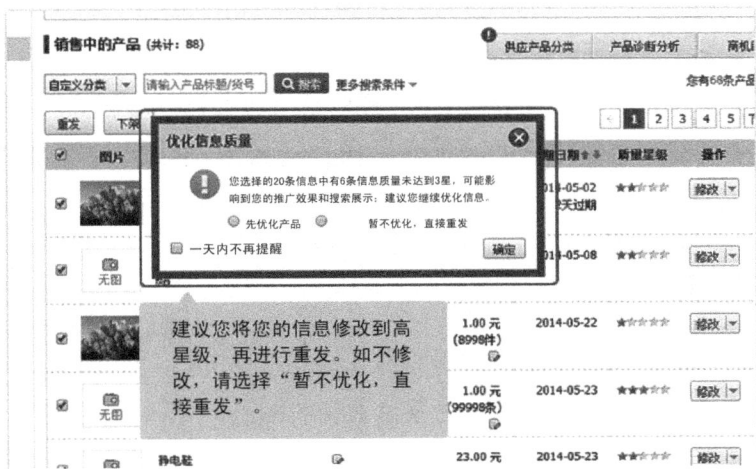

图 4－31　产品重发页面

第三步：

选择需要下架的产品,点击右上角的"下架"按钮可下架不销售的产品,如图 4－32。

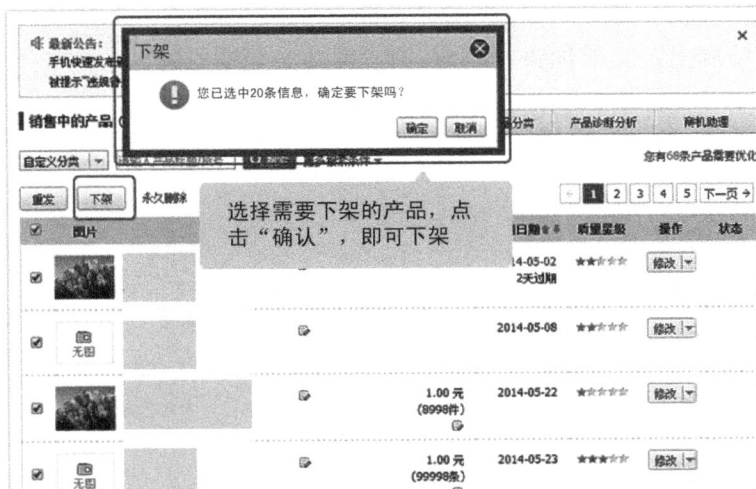

图 4－32　产品下架页面

（6）利用站内搜索工具进行"电动车"关键词的查找,查看搜索结果,了解信息排名情况,点击查看相应的供求信息内容。

（7）点击了解诚信通会员的服务内容和办理流程。

（8）分析企业间电子商务的盈利模式和发展前景。

五、实验要求

（1）根据实验情况写出实验报告，内容包括实验的操作过程、结果和体会。

（2）要求实验报告记录实验的主要操作过程和结果，并通过实验谈谈自己的收获或体会、建议等。

六、思考题

（1）阿里巴巴给中小企业带来哪些商业机会？

（2）阿里巴巴是如何打造网上交易的诚信机制的？

实验十一　C2C 网上拍卖

一、实验目的

（1）体验网上拍卖的优势，学会在拍卖网站安全地购物；

（2）要求掌握网上拍卖运作规则和流程，了解拍卖网站的信用机制，确保安全购物。

二、实验内容

拍卖网站是满足消费者以竞价方式购物的网站，比起 B2C 网站的购物，在 C2C 拍卖网站购物有更大的价格优势，但相对风险也较大，需要学会信用评价、安全购物的相关知识。

（1）选择一个拍卖平台并注册为会员；

（2）按提示完成会员身份认证，并开通第三方安全支付的实名账户；

（3）通过高级搜索查找某方面的拍卖信息，对自己感兴趣的商品链接点击进入查看详细信息；

（4）选择下载安装实时沟通工具，和卖家进行实时交流洽谈；

（5）参与拍卖出价或以一口价购买；

（6）交易成交后进行网上支付货款；

（7）查询订单状况，看卖家是否已发货；

（8）收货签收后进行收货确认，并对该次交易的卖方做出信用评价。

三、实验知识准备

（一）定义

所谓网上拍卖（Auction Online），是指通过互联网实施的价格谈判交易活动，即利用互联网在网站上公开发布将要招标的物品或者服务的信息，通过竞争投标的方式将它出售给出价最高或最低的投标者。其实质是以竞争价格为核心，建立生产者和消费者之间的交流与互动机制，共同确定价格和数量，从而达到均衡的一种市场经济过程。

（二）优势

通过网络平台跨越了地域局限，虚拟集成了商家和消费者，大大降低了集体竞价的成本；网上拍卖可以由消费者出价，买方对价格的影响力大大增加；买卖各方在竞价过程中可自由交流；不必事先缴付保证金，凭借网站自建的信用评价系统，借助所有用户的监督力量来营造一个相对安全的交易环境，买卖双方都能找到可信赖的交易伙伴。

（三）网上拍卖程序

第一步：发布商品信息。需输入拍卖品的名称、细节描述、拍卖价、拍卖的天数或拍卖商品的图片。

第二步：在拍卖过程中，买家通过搜索找到拍卖品进行浏览和了解出价情况，并可能通过即时沟通工具或向卖家提问等形式询问卖家拍卖品的情况；买家如有参拍意向，按规定向拍卖平台缴纳保证金后出价。

第三步：拍卖结束，如中标，则买方支付余款进行结算（注意尽量用第三方支付工具付款）；如未中标，系统会退还保证金。

第四步：卖家按规定发货，买方收到拍卖品后如满意则"确认收货"，双方进行交易评价，整个拍卖交易过程结束。

（四）盈利模式

早期的拍卖网站主要靠收取交易费、信息发布费、广告费来盈利，如 eBay，易趣等；以淘宝为代表的拍卖网站则采取免费模式，主要靠收取广告费和增值服务实现盈利。

四、实验方法与步骤

（1）在淘宝、拍拍、eBay 等（以下以淘宝为例）拍卖平台中选择一个并注册为会员，了解拍卖流程。

（2）按提示完成会员身份认证，并开通支付宝实名账户。

（3）通过该网站帮助主题或论坛了解 C2C 网站的管理规则、拍卖流程、防骗技巧、管理经验等。

（4）查找拍卖品，可通过以下几种途径：在淘宝网首页左侧"淘宝特色服务"的"特色购物"中选择"拍卖会"进入，选择相应的类别查看；或在"淘宝特色服务"的"优惠促销"中选择"一元起拍"，如图 4－33 所示。

图 4－33　淘宝特色服务

（5）对自己感兴趣的商品链接点击进入查看卖家信用、商品描述、服务保障等详细信息，如图 4－34 所示。

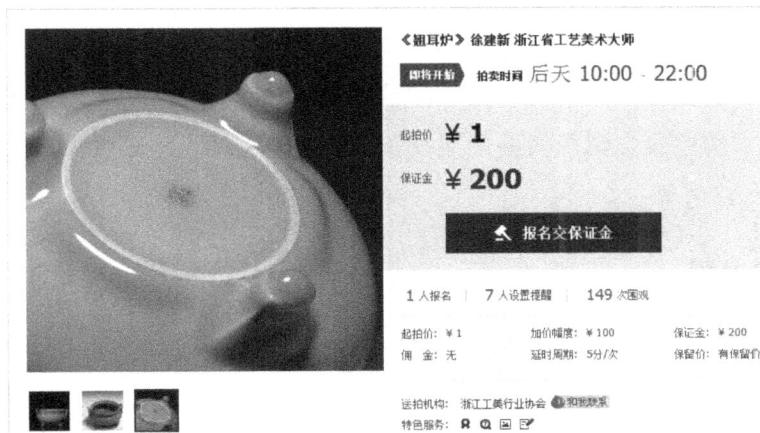

图 4 - 34 拍卖品信息

(6) 选择下载安装阿里旺旺实时沟通工具,和卖家进行实时交流,洽谈详细细节。对于价格较低的感兴趣的物品可以参与拍卖出价,出价前需缴纳保证金到指定的支付宝账户。

(7) 拍卖结束,如果中标,需及时通过支付宝进行网上支付余款。

(8) 进入"我的淘宝"查询订单状况,看卖家是否已发货。

(9) 卖方发货后,可通过"查看物流"追踪包裹物流状况。

(10) 收货签收后登录"我的淘宝"进行"确认收货",并对此次交易的卖方做出信用评价。信用评价如图 4 - 35 所示。

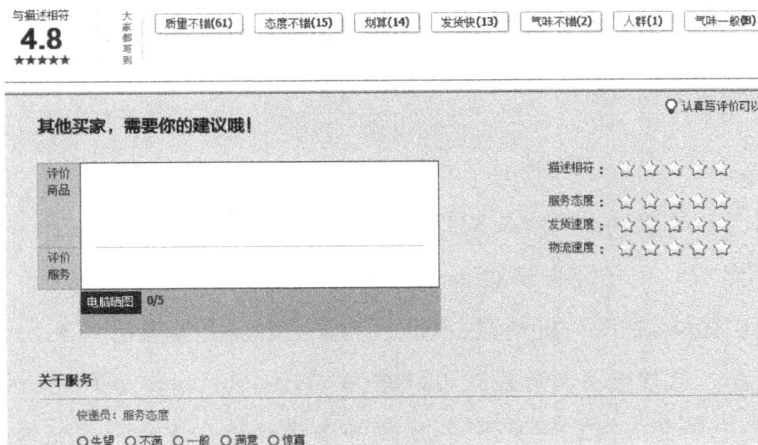

图 4 - 35 信用评价

五、实验要求

（1）根据实验情况写出实验报告，内容包括实验的操作过程、结果和体会。

（2）要求实验报告记录实验的主要操作过程和结果，并通过实验谈谈自己的收获或体会、建议等。

六、思考题

（1）分析 C2C 电子商务这种商业模式的前景。

（2）淘宝网建立了哪些交易的信任机制？

实验十二　网络团购

一、实验目的

认识电子商务团购模式，熟悉网络团购的运作模式和交易流程。

二、实验内容

（1）在美团网进行注册会员；

（2）参与网络团购活动，熟悉团购流程，体验团购优势。

三、实验知识准备

（一）定义

团购即为一个团队向商家采购，国际通称 B2T（Business to Team），是继 B2B、B2C、C2C 后的又一电子商务模式。

所谓网络团购，是指一定数量的消费者通过互联网渠道组织成团，以折扣购买同一种商品。这种电子商务模式可以称为 C2B（Consumer to Business），和传统的 B2C、C2C 电子商务模式有所不同，需要将消费者聚合才能形成交易，所以需要有即时通信（Instant Messaging）和社交网络（SNS）作支持。生活服务类的团购也叫 O2O(Online to Offline)模式。

（二）特征

与传统的团购相比,网络团购有以下特征:

（1）成交数量限制。网络团购交易成立的前提条件是购买数量须达到最低数量;由于生产、配送等方面的问题,通常网络团购活动也会设置数量上限。

（2）价格折扣高。网络团购交易的目的之一就是通过集体购买,获得较高的价格折扣。

（3）时间限制。网络团购交易属于阶段性的商业促销活动,不是商家持续性策略,因此一般网络团购活动都会有时间周期。

（4）小额支付。目前国内网络团购交易涉及的金额,多是小额支付。

（5）商品毛利高。网络团购活动本身属于促销行为,目的在于吸引消费者的重复消费,因此商品生产的边际成本低或毛利水平高,才能支持低折扣销售。

（三）流程

（1）顾客从团购网站查找感兴趣的商品或服务团购项目。

（2）顾客点击浏览,了解团购项目的详情,确定是否参与团购。

（3）点击“立即抢购”,提交订单。

（4）在规定的时间内完成网上付款。

（5）如果是实体商品,顾客等待送货上门后签收;如果是服务商品,付款后系统会通过手机发送验证码,也可在团购订单中打印或发送验证码到指定的手机号码,顾客在约定时间内到指定场所凭验证码消费。

（四）注意事项

在进行网络团购时应注意以下几点:

（1）对团购平台的选择应该谨慎小心。选择合法备案、信誉度高的平台发起的团购,应该研究清楚团购协议,以规避各种风险。

（2）有的网络团购是由经营者一方发起的,这样的团购其实就是一种促销,其中不少是预付款消费,所以提醒消费者不要因为价格低廉,一时心动,购买了不满意的商品。

（3）网络团购也会存在一些价格陷阱。有商家暗地里先拉高标价然后再打折,这样消费者获得的优惠会名不副实。

（4）参加网络团购时，避免直接付款。有不少团购，虽然有支付宝等第三方付款渠道，但实际操作时，还是直接付款到发起团购方指定的账号中的。这与一般的购物验货后确认付款是不同的，有的消费者可能会被误导。

（5）关注网络团购售后服务相关信息。消费者一定要关注商家的专业水平、售后服务等信息。日常生活消费，例如餐饮、美容等，最好还是选择自己熟悉的商家及产品较为稳妥。

（6）一旦出现消费纠纷，请尽快向当地消费者权益保护委员会投诉。网络团购纠纷产生后，被投诉主体不仅仅是团购网站，提供商品或者服务的实体经营者也是被投诉对象。消费者应当保留好有关依据，如下载消费服务内容、保存提示消费短信等。不要因为网络团购难以确定投诉对象就轻易放弃自己的合法权益。

（7）注重事后评价。有的网络团购发起网站，在事后会提供给消费者一个评价的机会，希望各位消费者重视这个交流的平台，正确做出评价。

四、实验方法与步骤

（1）登录淘宝网，打开淘宝聚划算平台（http：//ju.taobao.com），点击查看某一团购项目，如图 4－36 所示。查看团购项目的详情、团购价格及折扣、历史评价等信息。

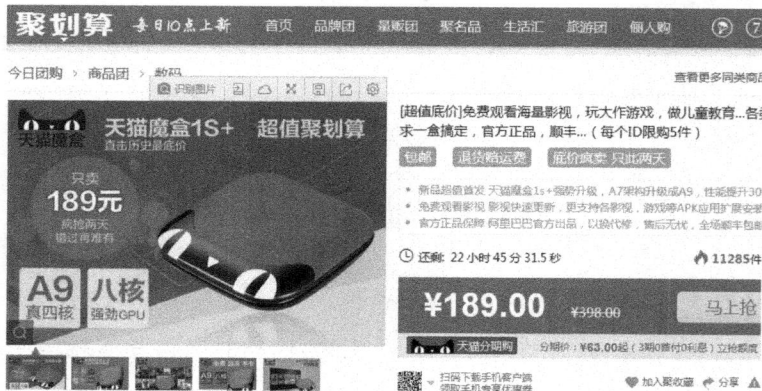

图 4－36　某团购项目详情

（2）如需参加该团购，则点击"马上抢"进入团购下单页面，选择具体的型号、规格、数量，点击"立即购买"后生成订单。

（3）选择用支付宝付款,团购订单生效。

（4）等待卖方发货,收货后进行收货确认,最后对交易做出信用评价。

（5）打开美团网（http://www.meituan.com）,选择所在城市进入。

（6）注册美团网账户。

（7）在团购导航栏点击"今日新单",选择某一团购的生活服务类项目,如图 4-37 所示。

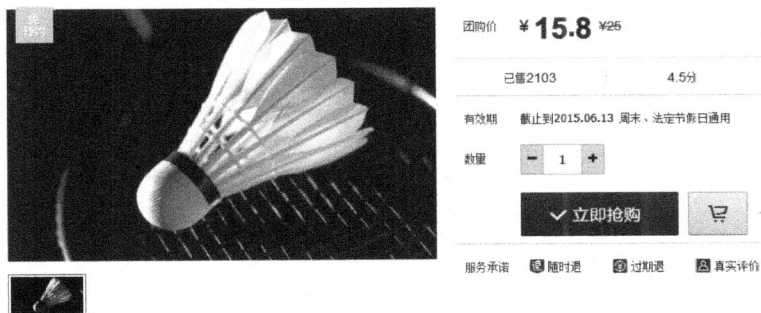

【婺城区】亚细亚羽毛球馆
仅售15.8元! 价值25元的亚细亚羽毛球馆畅打羽毛球1小时,免费洗浴+储物柜,美团券可升级。

团购价 ¥**15.8** ¥25

已售2103　　　　4.5分

有效期 截止到2015.06.13 周末、法定节假日通用

数量　－　1　＋

✓ 立即抢购　🛒

服务承诺 随时退　过期退　真实评价

图 4-37　某团购服务项目

（8）浏览查看该项目的详细介绍,包括商家位置、购买须知、本单详情、消费评价等,如决定购买,点击"立即抢购"提交订单。

（9）完成网上支付,通过手机获取验证码。

（10）消费前向商家预约,到达消费场所后出示手机验证码进行消费。

（11）消费后进行消费评价。

五、实验要求

（1）根据实验情况写出实验报告,内容包括实验的操作过程、结果和体会。

（2）要求实验报告记录实验的主要操作过程和结果,并通过实验谈谈自己的收获或体会、建议等。

六、思考题

（1）网络团购相比传统团购有什么优势?

（2）团购网站是如何盈利的?

第五章　电子商务创业实验

实验十三　网店开设

一、实验目的

目的是建立一个 C2C 网上商店。要求在国内知名的免费拍卖平台(以下以淘宝网为例)上完成用户注册和身份认证等工作,选择合适的销售物品,寻找合适的货源,进行进货洽谈,准备好相关文字和图片资料,进行"宝贝"发布,成功开设一个网上商店。

二、实验内容

(1) 在淘宝网进行会员注册并完成支付宝实名认证;

(2) 申请开通网上银行;

(3) 网上或网下联系货源,并准备好文字、图片等资料;

(4) 发布"宝贝";

(5) 继续发布"宝贝",完成网上商店开设。

三、实验知识准备

网店开设是网上开店创业的第一步,这不是单纯的网上实践,必须结合网下社会实践,需要多门学科知识的综合运用。

（一）定义

网上开店是指店主（卖家）通过第三方平台开设店铺,把商品（形象、性能、质量、价值、功能等）展示在店铺里供顾客浏览选购,双方通过网络沟通工具（如阿里旺旺）洽谈,达成交易后一般使用安全的第三方支付工具进行结算,卖方选择一定的快递方式将物品配送到买方手中的整个流程。

网络最大的优点就是互动性强,在购物的同时,也可以上网开店出售物品。网上开店拥有众多优势：启动资金少,投入低,交易快捷方便。网上开店的天然优势迅速吸引了创业者的眼光,越来越多的人开始上网开店出售物品,加入到"网上创业者"这一群体中。

（二）网上开店的优势

网上购物的流行催生了一批批创业者将实体店铺搬到了互联网上。与实体店铺相比,网上开店不仅节约了成本,而且在商品进货、出售、管理等诸多方面也要明显优于实体店铺。

1. 投资少

网上开店与实体店铺相比可大大节省开店成本,而且网店也可以根据顾客的订单进货,不会因为积货占用大量资金。此外,网店经营主要是通过网络进行,不需要专人时时看守,同时就可以省下房租、雇工费、水费、电费等各类杂费,这样初期投资成本自然就非常低。只需要准备一台联网用的电脑,商品摆放在家都可以。

相对实体店铺而言,网店仅仅需要支出商品的进货费用,而其他都是免费的。当然,具备一定规模的网店,可能会需要聘用员工而支出一定的员工工资费用,但一般的网店只要自己利用空闲时间经营即可,基本上不需要投入太多的人力。

至于网店的进货与库存资金方面,网店中所展示的只是商品实物图片,卖家甚至可以等待买家下订单后,再去进货或通知上家直接代发货。而且还可以做网上商品代理,这样的网店甚至可以做到零库存。

2．范围广

如果说一个实体店铺，其购买群体仅限于店铺周边的人群，那么网店就完全没有地域限制，网店中所针对的购买群体，可以是自己所在城市之外、省外、全国甚至全世界。可以说，只要商品有吸引力，那么，就只要做好随时接待来自各地买家的准备即可。

同时由于无地域限制，以及购买群体的广泛分布性，在开网店后，可以将自己所在地的特色商品、特色小吃等在网店上销售，这样其他地区的人群也就能够方便地买到卖家所在地的各种特产了。

3．限制小

实体店铺往往要受到营业时间、地点、面积等因素的限制。比如，在某个时间段打烊可能会令你错过很多生意；店铺位置如果人流量小，生意也会不景气；碰上生意火爆的时候，又有可能因为自己店面太小失去许多本该属于自己的生意。

网店则完全不受这些条件的限制。经营者可以全职经营，也可以兼职经营，只要有一台能上网的电脑就可以开网店和经营，营业时间也比较灵活，只要可以及时查看浏览者的咨询并给予回复就不影响营业。卖家不必 24 小时守在店铺中，买家在任意时间浏览了你的店铺，并且看上了店中商品，可以直接下单。

另外，对于销售虚拟物品的网店来说，当买家购买虚拟物品后，后续的发货、收款等一系列流程都是自动的，卖家只需定时到网店收钱，并补充库存就可以了。

因此，绝大多数能经常上网的朋友，都可以开设自己的网店，只是记得定时去网店查看销售状况即可。

4．方式灵活

网上开店不需要像网下开店那样必须要经过严格的注册登记手续，网店在商品销售之前甚至可以不需要存货或者只需要少量存货，因此可以随时转换经营项目，可进可退，不会因为积压大量货物而无法抽身。

（三）网上开店注意事项

1．选好选准"宝贝"

"新款"：要想把网店开成功新款肯定是少不了，新款是流行元素，或是明星宣传活动的焦点,或是节日、重大活动需要而流行的各种类型商品。网店新品需要分批、分时间铺货,要跟网店营销活动紧密联系在一起。

"奇特":即个性,非一般的感觉。网购的很多都是学生或年轻人,年轻人追求时尚、个性必不可少,所以时尚、个性、活跃的元素是最重要的卖点,独特但又不夸张,个性而不缺乏稳重。

"搭配":每一个顾客都有立体的连带的产品需求,所以搭配销售对销量的提升非常有帮助。如各部位服饰搭配,颜色、佩饰搭配,风格搭配,不同场景搭配等很多类型的搭配方式。

2. 质量保证,价格实惠

"质量":质量永远是吸引回头客的因素,对商品如实详尽地描述,使顾客第一时间充分了解产品,切不可夸大、欺骗,脱离实际质量。

"实惠":保证产品质量、款式、个性的同时满足物美价廉的需求,这么好的商品谁会不买呢?网上买东西本来就比实物店便宜。

3. 合理促销,优质服务

即使有最好的商品也需要做好促销推广。合理的促销可以增加商品的曝光度,提升购买率。而良好的服务可以促进顾客购买,赢得顾客信任,并带来回头客。

4. 诚信为先

网络创业门槛低,市场主体的素质层次不一,加上电子商务法律滞后,互联网成了容易造成违法犯罪的地方。要树立基本的职业道德:诚信经营、依法纳税,坚持有所为,有所不为。引用马云先生的一句话:"生意人是无利不往的,商人是有所为有所不为的群体,而企业家则是个体与社会和谐发展的。"

5. 风险防范

网上交易活动永远伴随着交易的风险,一定要保持谨慎的态度和理性的心态,让骗子无机可乘。第三方支付工具,按照流程是可以防止受骗的,但是第三方支付工具只能解决大部分交易诚信问题,不能真正杜绝所有的网络诈骗。所以,从事网上交易,一定要谨慎。

四、实验方法与步骤

（1）同学两至三人组成一个创业团队。

（2）在淘宝网进行注册会员并完成支付宝实名认证。支付宝实名认证流程如图 5－1 所示。

图 5－1 支付宝实名认证流程

（3）登录"我的淘宝"，选择"卖家中心"，点击"我要开店"。

①进入"开店条件检测"，如图 5－2 所示。

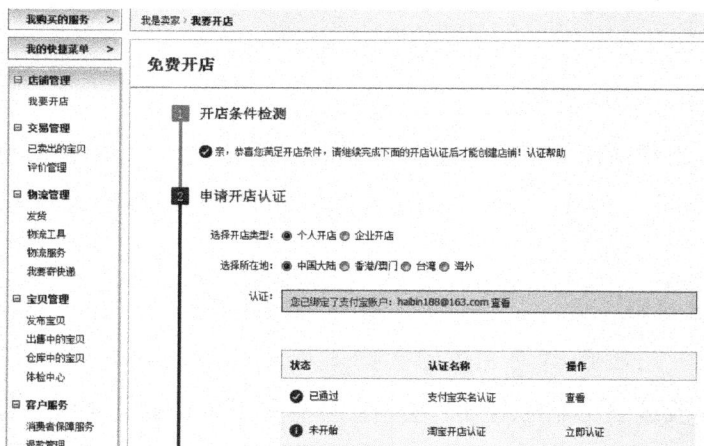

图 5－2 开店条件检测

②进行淘宝开店认证，点击"立即认证"，选择认证方式，如图 5－3 所示。

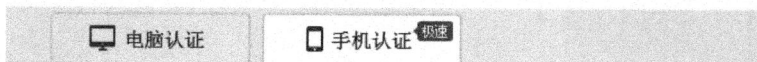

图 5－3 认证方式选择

③如选择电脑认证,按要求填写姓名、身份证号码,上传身份证正反面照片,并手持身份证拍摄照片上传,如图5-4所示。继续填写联系信息、电话、验证码后提交,等待淘宝后台管理员审核。

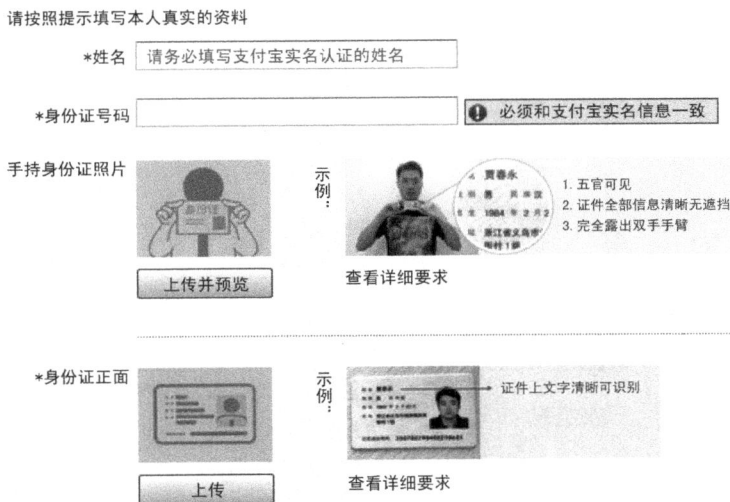

图5-4　淘宝身份认证电脑认证

④如选择手机认证,则可使用"阿里钱盾"实现快速认证,流程如图5-5所示。

图5-5　淘宝身份认证——手机认证

（4）通过淘宝开店身份认证后，填写店铺名称等基本信息，如图 5-6 所示。

图 5-6　填写店铺基本信息

（5）成功创建店铺，如图 5-7 所示。

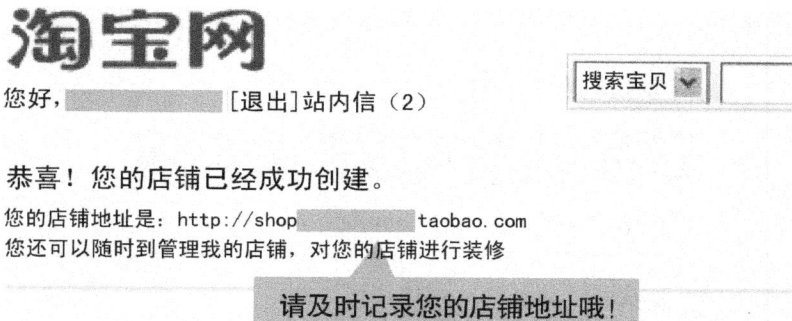

图 5-7　成功创建店铺

（6）联系货源。网上或网下联系货源，并准备好文字、图片等资料。网上联系可以在阿里巴巴小额批发平台采购，或在淘宝网上寻找合适的代理产品销售，也可以在中国进货网、淘宝进货网等选择合适的货源组织进货；网下进货可以到小商品批发市场进货，还可以选择直接到厂家进货，也可以选择家乡的土特产品或自己的闲置物品进行销售。

（7）发布"宝贝"。登录淘宝网站，选择"我要卖"，按提示进行分类选择、标题设置、拍卖形式选择、拍卖时间与价格设置、图片上传、商品详细介绍、付款方式设置(要求用支付宝等第三方安全支付工具)、物流方式及费用设置、服务承诺等内容,预览后即可正式发布。"宝贝"发布流程如图 5-8 至图 5-19 所示(开店演示:请打开网址 http://www.taobao.com/help/sell_step3_01.html 学习了解)。

①点击淘宝首页"我要卖"。

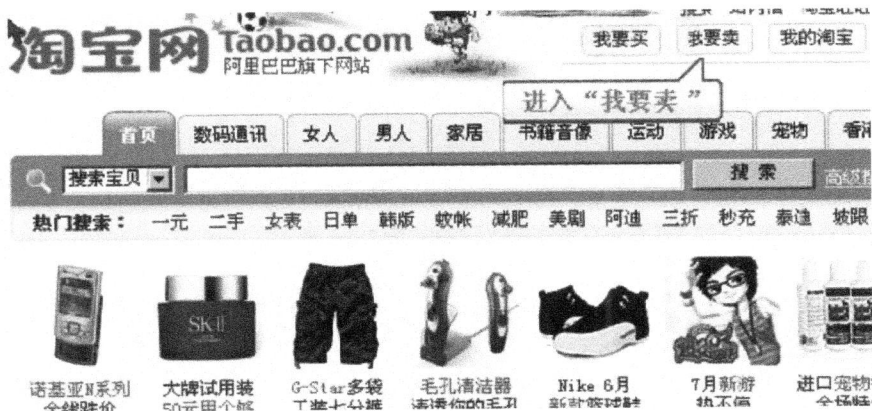

图 5-8 点击"我要卖"

②选择"宝贝"的发布方式。

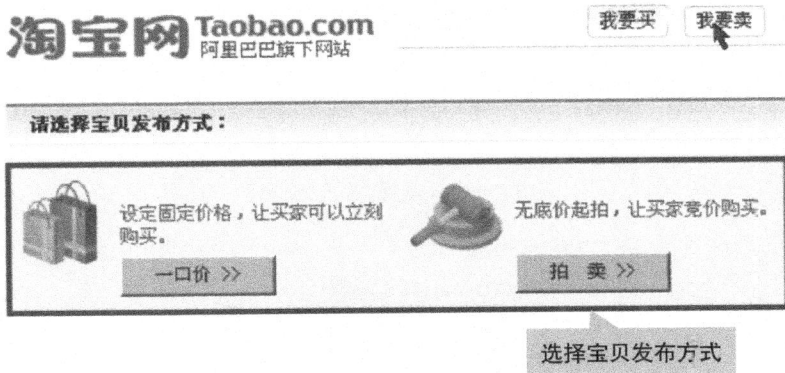

图 5-9 选择"宝贝"发布方式

③选择设置"宝贝"分类,如图 5-10 所示。

④设置"宝贝"信息和标题,选择"宝贝"属性,如图 5-11 和图 5-12 所示。

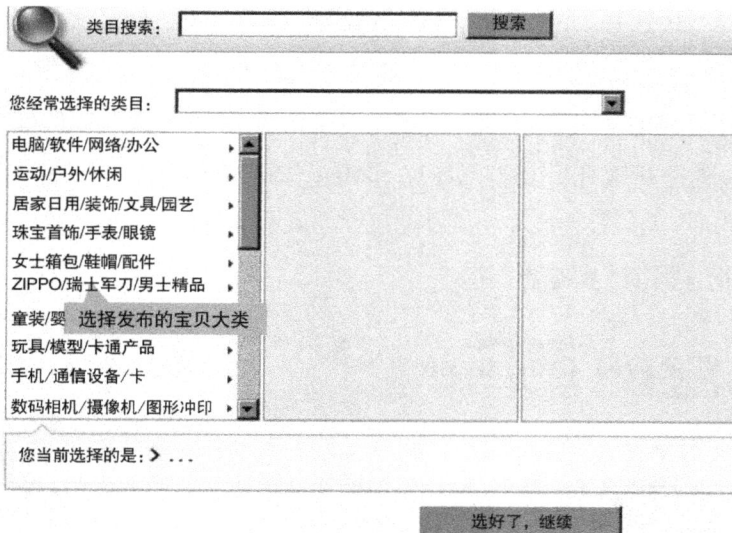

图 5 - 10   选择"宝贝"分类

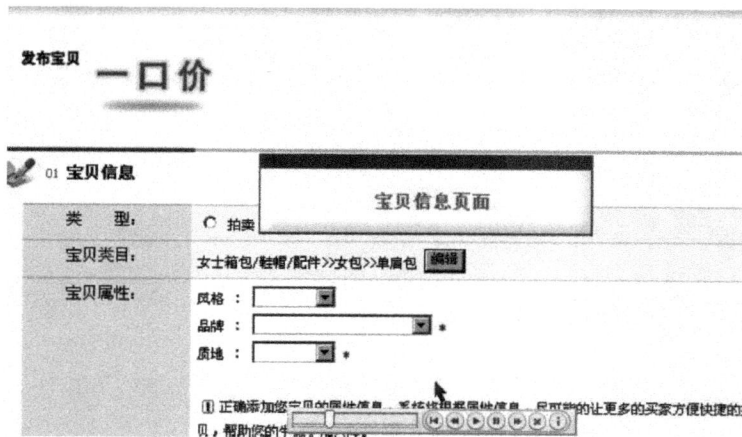

图 5 - 11   设置"宝贝"信息

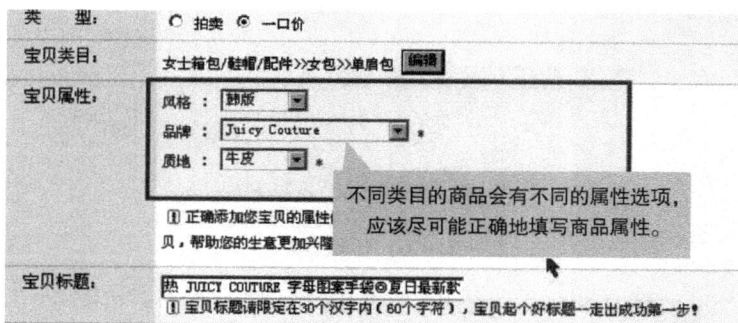

图 5 - 12   设置"宝贝"属性和标题

⑤上传"宝贝"图片，如图 5-13 所示。

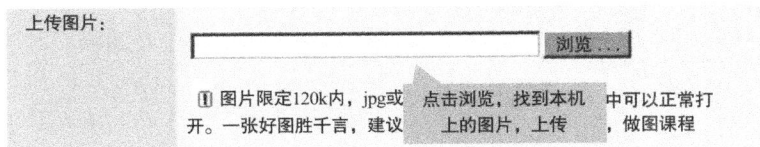

图 5-13 上传"宝贝"图片

⑥输入"宝贝"描述，如图 5-14 所示。

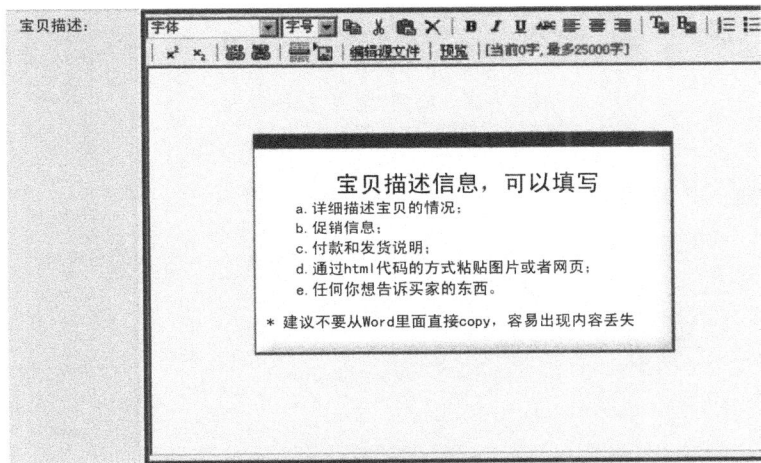

图 5-14 "宝贝"详情描述

⑦设置"宝贝"数量、开始时间、有效期等，如图 5-15 所示。

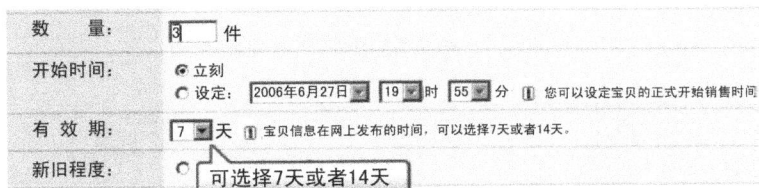

图 5-15 设置"宝贝"数量、开始时间、有效期

⑧设置"宝贝"交易条件，如图 5-16 所示。

⑨选择支付方式和其他信息，如图 5-17 所示。

⑩提交发布，如图 5-18 所示。

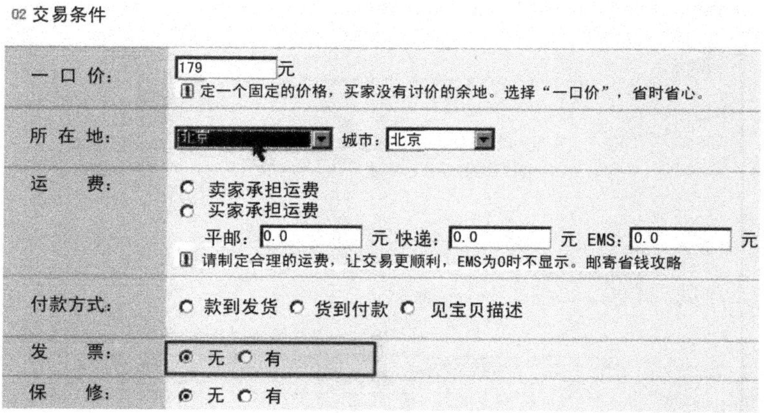

02 交易条件

一 口 价:	179 元
	🛈 定一个固定的价格，买家没有讨价的余地。选择"一口价"，省时省心。
所 在 地:	北京 城市: 北京
运 费:	○ 卖家承担运费
	○ 买家承担运费
	平邮: 0.0 元 快递: 0.0 元 EMS: 0.0 元
	🛈 请制定合理的运费，让交易更顺利。EMS为0时不显示。邮寄省钱攻略
付款方式:	○ 款到发货 ○ 货到付款 ○ 见宝贝描述
发 票:	⊙ 无 ○ 有
保 修:	⊙ 无 ○ 有

图 5-16 设置"宝贝"交易条件

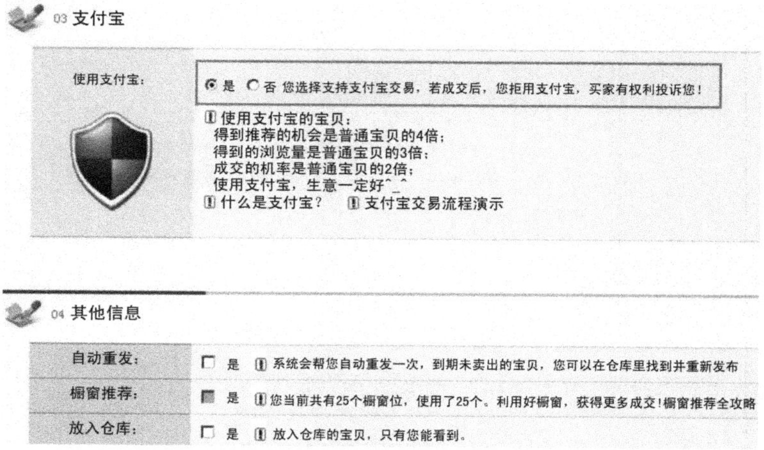

03 支付宝

使用支付宝:	⊙ 是 ○ 否 您选择支持支付宝交易，若成交后，您拒用支付宝，买家有权利投诉您！
	🛈 使用支付宝的宝贝： 得到推荐的机会是普通宝贝的4倍； 得到的浏览量是普通宝贝的3倍； 成交的机率是普通宝贝的2倍； 使用支付宝，生意一定好^_^ 🛈 什么是支付宝？ 🛈 支付宝交易流程演示

04 其他信息

自动重发:	□ 是 🛈 系统会帮您自动重发一次，到期未卖出的宝贝，您可以在仓库里找到并重新发布
橱窗推荐:	■ 是 🛈 您当前共有25个橱窗位，使用了25个。利用好橱窗，获得更多成交！橱窗推荐全攻略
放入仓库:	□ 是 🛈 放入仓库的宝贝，只有您能看到。

图 5-17 设置支付方式和其他信息

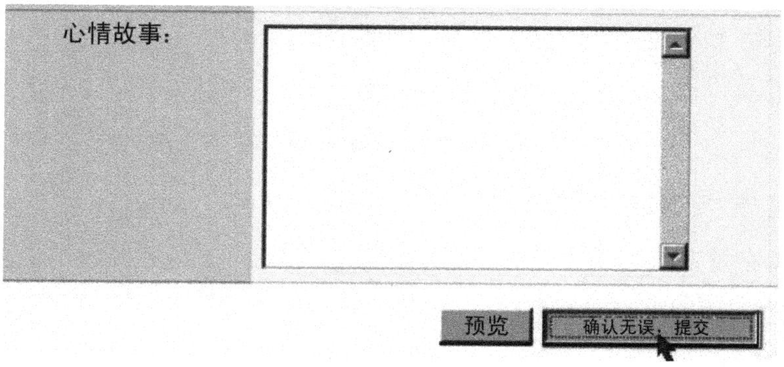

心情故事:

预览   确认无误，提交

图 5-18 提交发布

⑪连续发布满 10 件宝贝,即可申请开设店铺,如图 5-19 所示。要保证店铺中始终有宝贝在售,你的店铺即进入正常的运营中。

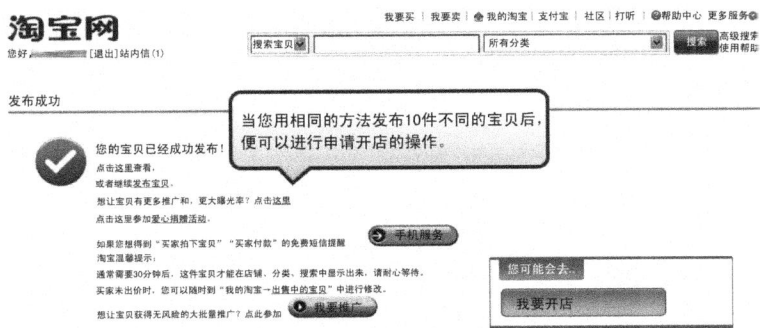

图 5-19 发布成功

五、实验要求

(1) 根据实验情况写出实验报告。

(2) 要求实验报告记录实验的主要操作过程和结果,并通过实验谈谈自己的收获或体会、建议等。

(3) 该实验报告考核评价要求内容完整,包括实验的操作过程、结果和体会。

六、思考题

(1) 网上开店为什么必须要通过实名认证?

(2) 为什么说采用支付宝支付能保证资金的安全?

实验十四　网店装修

一、实验目的

通过店铺装修使自己的网上商店变得漂亮、有个性,增加店铺的功能,并能给访问者留下深刻的印象。

二、实验内容

(1) 设计店标；

(2) 设计店铺公告；

(3) 设计宝贝分类标签；

(4) 选择产品描述模板；

(5) 店铺介绍。

三、实验知识准备

（一）定义

网店装修就是在淘宝等网店平台允许的结构范围内，尽量通过图片、程序模板等装饰让店铺更加丰富、美观以更好地吸引顾客访问、浏览或选购。

网店的店铺装修与实体店的装修是一个意思，都是让店铺变得更美，更吸引人。甚至对于网店来讲，一个好的店铺设计更为至关重要，因为客户只能从网上的文字和图片来了解商家，了解产品，所以装修得好能增加用户的信任，甚至还能对自己店铺品牌的树立起到关键作用。

（二）意义

网店装修的意义就好比是实体店的店面设计给人的氛围，重要性是不言而喻的。网店销售产品的风格因人而异，如何装修也是见仁见智的事情。如果其他因素一样的情况下，个性而又和所售产品风格相匹配的店面装修才是好的网店装修。

（三）装修的收益

正所谓"三分长相七分打扮"，网店的美化如同实体店的装修一样重要。因为网店的页面其实是附着了店主灵魂的销售员，只有别出心裁的网店装修才能打动顾客，增强你的网店销售力。

具体来说，网店装修至少能够带来以下四个方面的收益：

(1) 增加顾客在你的网店停留的时间，增强诱惑力，增强网店的形象，打造网店强势品牌。

（2）漂亮、恰当的网店装修，给顾客带来美感，顾客浏览网页时不易产生审美疲劳，自然会细心查看你的网页。

（3）好的商品在诱人的装饰品的衬托下，会更加使人不愿意拒绝。

（4）装修好的精品网店，传递的不仅是商品信息，还有店主的经营理念、文化等，这些都会给你的网店形象加分，同时也有利于网店品牌的形成。

（四）装修的主要项目

网店装修项目一般包括店标、店招、店铺公告、店铺风格、宝贝分类、橱窗推荐位、友情链接、宝贝详情页、图片美工等。

（五）装修步骤

（1）收集网店设计素材；

（2）定位网店风格和结构；

（3）设计网店标题和分类导航栏；

（4）处理和优化推荐商品；

（5）设计商品展示区；

（6）拍摄制作图片；

（7）使用装修模板；

（8）根据模板提示输入文字内容或插入图片等实现效果。

四、实验方法与步骤

店铺的设置包括店铺名称、店铺类别、店铺公告、主营项目、店标等。进入"我的淘宝"，点击"我是卖家"，点击"管理我的店铺"，就可以看到"基本设置"栏。

（一）店铺公告发布

点击"店铺公告"右上角的"编辑"，按图 5－20 至图 5－22 分别进行操作设置。

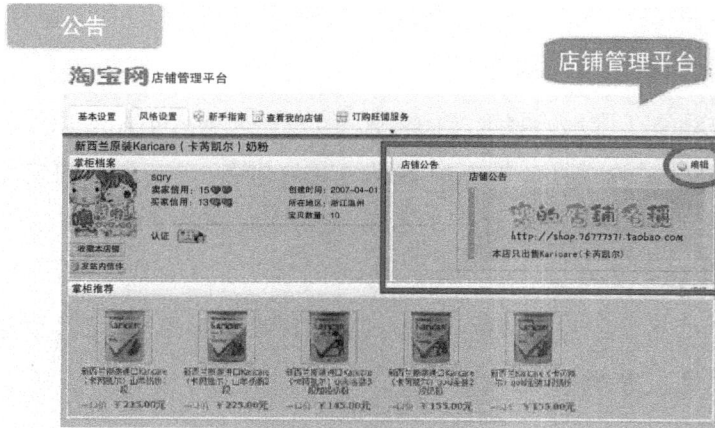

图 5 - 20   店铺公告管理

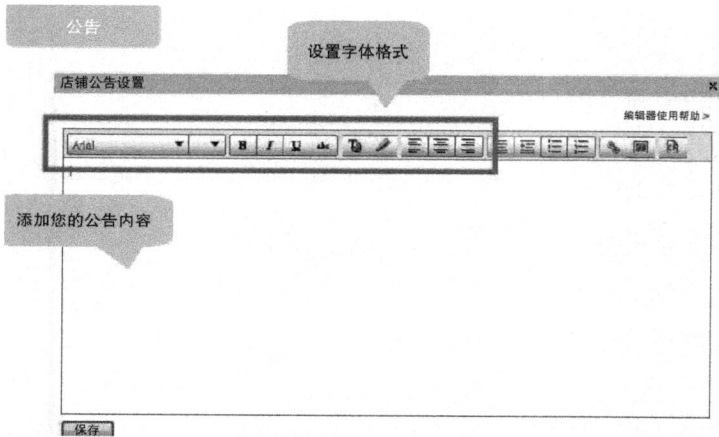

图 5 - 21   输入店铺公告内容及设置字体格式

图 5 - 22   在公告栏中插入图片或使用公告模板(源文件)

（二）添加店标

店标显示在店铺的左上方，需要先将店标用制图工具制作好，然后通过单击"浏览"按钮上传店标，目前店标支持 GIF、JPG 和 PNG 格式的图片，如图 5-23 所示。

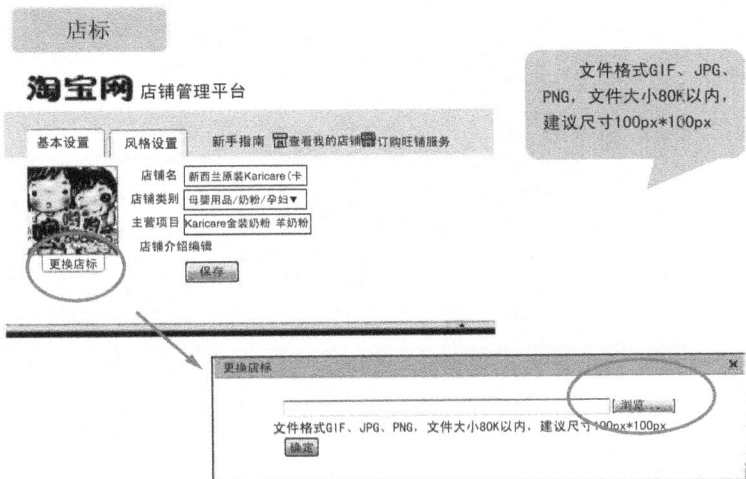

图 5-23　添加店标

（三）设置"宝贝"分类

登录"我的淘宝"，点击"我的店铺管理"下的"宝贝分类"链接，进入"宝贝分类"页面；在"新分类名称"文本框中输入分类的名称，在"排序"下拉列表框中选择分类的顺序，或使用上移、下移箭头调整分类排列顺序，单击"添加分类"按钮，即可成功添加商品分类。如图 5-24 所示。

添加好的分类后面会出现一个"添加修改分类图片"的图标，单击即可出现一个对话框，在对话框地址栏中输入分类的图片地址，单击"添加分类图片"按钮即可成功为分类添加图片。如果要为店铺设置二级分类，选择要添加的一级分类，然后单击"添加子分类"，在出现的文本框中填写子分类的名称后，单击"添加子分类"按钮即可。如图 5-25 所示。

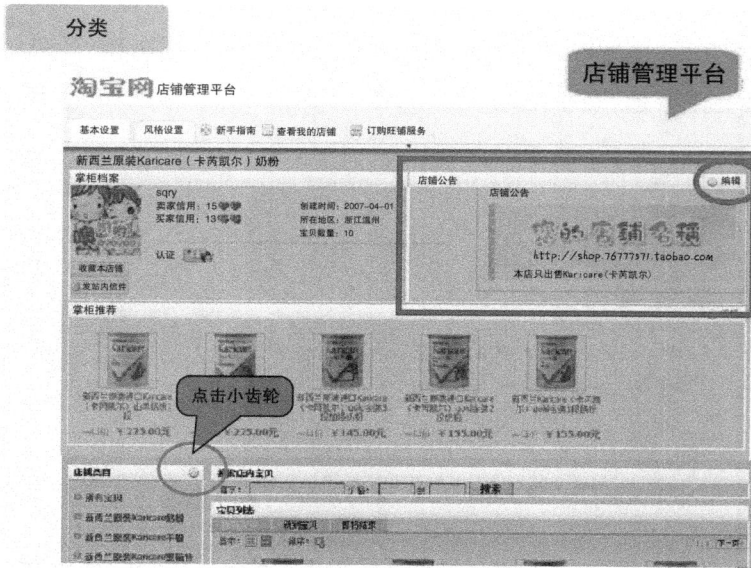

图 5 - 24　"宝贝"分类管理

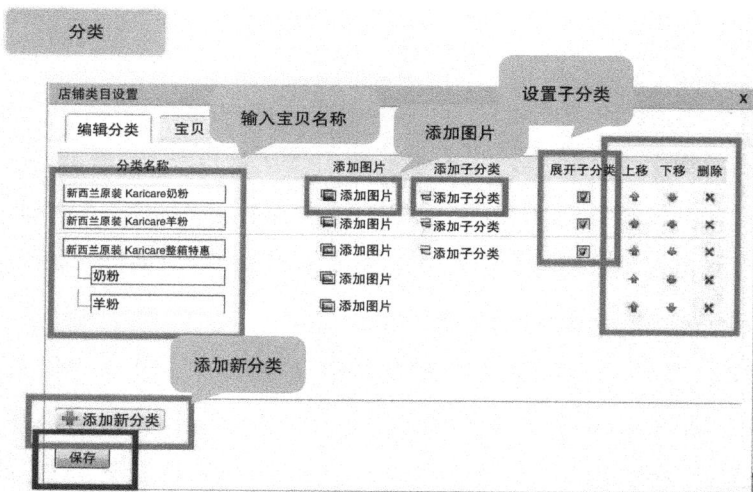

图 5 - 25　添加"宝贝"分类

（四）选择店铺风格

　　步骤如下：进入"我的淘宝"，单击页面左侧的"管理我的店铺"进入"店铺管理"页面。在"风格设置"中选择一种风格模板。可选的模板有"默认风格""黑客天地""粉红女郎""绿野仙踪""怀旧经典""金色池塘""瑞雪丰年""我爱狗狗"

等 8 种。各种模板都有自己的风格,在页面右侧可以预览你选定的模板。如图 5-26 所示。

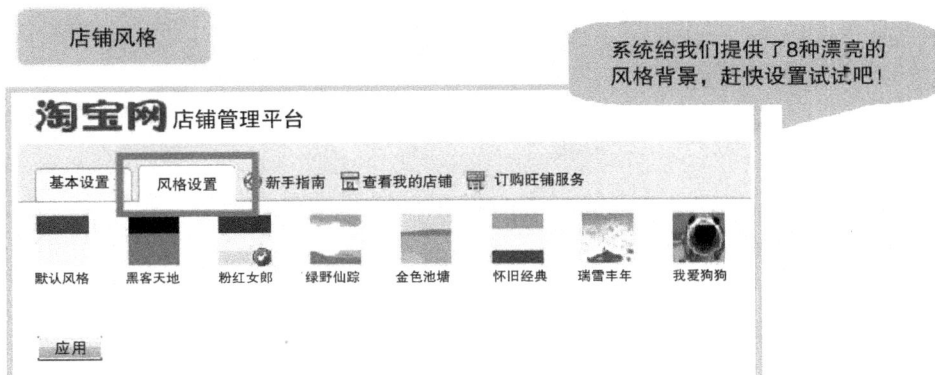

图 5-26 店铺风格选择

选择一个模板后,单击"应用"按钮,将模板应用到店铺中,可以单击"查看我的店铺"按钮查看应用模板的效果。

(五)使用"掌柜推荐"位

在店铺正上方,即店标和公告栏下面有"掌柜推荐"位,用来展示卖家推荐的商品。点击"编辑"按钮,在你发布的宝贝中选择要推荐的宝贝。如图 5-27 所示。

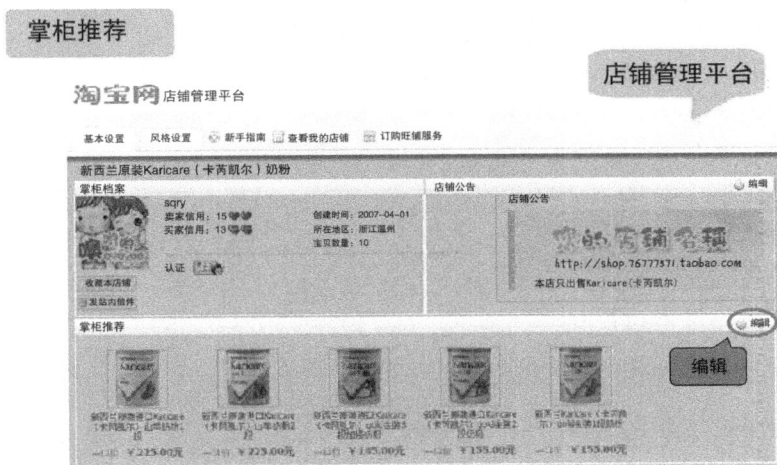

图 5-27 使用"掌柜推荐"位

（六）设置友情链接

可以和与自己销售的物品有关联的店铺或好友的店铺互相交换链接，以扩大店铺的访问量和影响力。

五、实验要求

（1）根据实验情况写出实验报告。

（2）要求实验报告记录实验的主要操作过程和结果，并通过实验谈谈自己的收获或体会、建议等。

（3）该实验报告考核评价要求内容完整，包括实验的操作过程、结果和体会。

六、思考题

（1）网店装修主要包括哪些内容？如何设置"宝贝"分类？

（2）如何使用装修模板？如何在"宝贝"详情页插入图片？

实验十五　网店推广

一、实验目的

通过各种网络营销方法免费开展网店推广，扩大网店知名度，使自己的网上商店能吸引顾客访问，并带来销售额。

二、实验内容

（1）利用关键词推广；

（2）利用友情链接相互推广；

（3）利用论坛写帖、回帖推广；

（4）利用阿里旺旺工具，尽量在线及时回答顾客问题；

（5）用足橱窗推荐位。

三、实验知识准备

通过推广,增加网店的人气,以提高网店访问量和成交率。

（一）网店推广的意义

网店的推广可以是详尽的商品描述展示,也可以是网络广告的强势宣传,更可以是老顾客的口碑宣传,还可以是线下的传统媒体宣传,总之,不管采用哪种方式宣传,目的都是一样的,就是让你的产品卖出去。

"酒香也怕巷子深。"如果想要你的产品有充足的曝光率,先要让你的产品浮出水面。这就是商品需推广的实质所在。

总之,通过网店的推广宣传,让买家知道你的商品和店铺,而且信任你,才会买你的商品,你的店才会有生意。好产品是基础,而是否长期有效地推广则决定着商品销量的大小和你的店铺是否能够存活。

（二）网店免费推广方式

（1）"社区"发帖、回帖。发帖、回帖是所有卖家提高店铺浏览量的最常用手段,具体效果因"帖"而异,有的人一篇帖子能带来数百甚至上千的浏览量,而有的人发了几十篇帖子,带来的浏览量却寥寥无几,所以我们不能光看数量,最重要的是帖子的质量!

（2）合理设置"宝贝"名称。"宝贝"名称尽量多地包含热门搜索关键词,当然是要跟你的"宝贝"有关的,不然算是违规。多包含热门搜索关键词,能增大宝贝被搜索到的概率,自然也增大了被买走的概率。

（3）用好"橱窗推荐"。千万不要让你的橱窗推荐空着不用,使用了"橱窗推荐"的"宝贝"比没有使用"橱窗推荐"的"宝贝"更容易被买家搜索到,而且概率大好几倍!一定要推荐快下架的"宝贝",最好是既漂亮又便宜的"宝贝",这样买家才更有兴趣到你的店里来逛逛。

（4）利用评价管理。评价管理包括你给买家的评价和买家给你的评价。在给买家评价的时候,可以适当地打一下广告,既不花钱又不费事,还能起到一定的宣传效果。同时买家给评价以后,可以充分利用"卖家解释"做宣传广告,并不是只有中评、差评的时候才需要解释,好评的时候更应该好好利用这个机会进行宣传,因为许多买家在买东西之前都会看一下评价。

（5）利用店铺留言进行宣传。在自己的店里是可以随便留言的，在这里把自己的优势与促销信息写出来，买家到店里之后就有可能看到这些信息，增大其购买的概率。另外还可以到别人的店里去留言，不管认不认识，进去先看一下别人卖的产品，然后留言夸一下"掌柜"，比如人好啦，东西漂亮啦，紧接着就留言写自己的广告信息，当这家店有客人来的时候就可能看到你的留言信息而被吸引到你店里来。

（6）用好"宝贝"描述模板。现在卖"宝贝"描述模板的卖家非常的多，很容易找到价格实惠又漂亮的描述模板，但是许多人只追求模板好看，而忽略了描述模板的另一个重要作用。选"宝贝"描述模板一定要选侧面可以插图的模板，这样在对某一件宝贝进行描述的时候，就可以在侧面插入其他宝贝的图片和链接。买家在查看宝贝描述的时候，就会顺便点击旁边感兴趣的宝贝，增大宝贝被浏览的概率。

（7）加入阿里旺旺群。加入阿里旺旺群的好处有很多，最直接的就是能提高店铺的知名度，经常在群里说话"露脸"，大家对你熟悉了，自然也会到你店里去看看，想买的时候自然也就想到你的店了，而且还可能给你介绍买家。加群要选择活跃的群，在群里混熟了，跟大家聊天的时候偶尔发发广告，效果也不错。但是如果一进群就发广告，就很容易引起别人的反感。

（8）群发信息。利用阿里旺旺、QQ等聊天工具给别人发广告。但建议大家还是要适度，千万要把握好，不然一发广告就被"拉黑"了，那可就得不偿失了。

（9）利用阿里旺旺状态信息。你的阿里旺旺状态还是"我有空"吗？赶紧改改吧，把它改成"上新货了！"或者"特价促销，8折优惠了！"或者"满50元包邮了！"等一系列的促销信息或者广告信息，这样买家才能更容易地看到你的最新状态，如果够诱人的话，自然就到你的店里来了。

（10）邮件广告。利用电子邮件，给每一个知道的邮件地址发一封邮件，当然开头要问候一下对方的近况，或者写些关心的话，随后附上自己开淘宝店的消息，写上经营的产品、店铺地址等。

（11）组织亲友帮你宣传。长这么大了，认识的朋友自然不少，从小学到初中，再到高中大学，同学也不少。那么动员起来吧，叫他们也帮忙宣传一下，说不定他们的朋友当中有不少的买家呢。这么大一张关系网，不好好利用不是浪费吗？

（12）加入商盟。加入商盟的好处多多,商盟比群大多了,里面人气也比较旺,跟大家成为朋友,也就多了不少潜在顾客,而且当"盟友"的顾客需要购买的产品正好你店里有的话,"盟友"会帮你介绍过来的。而且加入商盟以后,买家会觉得店铺更有保障。

（13）管理好"个人空间"。不要只装修店面,不装修空间。自己的"空间"是可以随便发广告的,把"宝贝"图片做得漂漂亮亮的,再写一些让人感兴趣的描述,等有人到"空间"来看的时候,就好像是在店里看"宝贝"一样,这样等于把逛"空间"的朋友变成了逛店铺的买家。当然"空间"里不能全是让人索然无味的广告,加一些其他内容,让空间丰富多彩,使人来了一遍还想来第二遍,就更完美了。

（14）赚"银币"抢"广告位"。"社区广告位"的效果还是很明显的,每天论坛里的人不知多少万,能在这里做广告,效果可不是一般的好!不过抢"广告位"也不容易,抢得人太多,还要许多"银币"。新手赚"银币"不容易,想写精华帖,不知道写什么;想通过回答问题赚"银币",好像自己都不知道答案,只能靠参加活动来赚取"银币"。

（15）多进行促销活动。每到节假日,买家们都希望在节日买到特价商品,赶紧挑几件物美价廉的宝贝搞促销,钱少赚点没关系,信誉上去了,而且薄利多销,人气旺了,以后的生意也好做。不一定要等节日才搞促销,平时也多搞促销活动吸引人气,只有人气旺了,生意才会越来越红火。

（16）敢用"一元拍"。"一元拍"确实让新卖家们又爱又恨,爱的是能吸引人气,恨的是经常亏得血本无归。不过公认的是"一元拍"能为卖家带来不少好处,所以要敢用"一元拍","拍"之前多向别人学习经验,以免亏损。

（17）参加群拍卖。群拍卖与"一元拍"效果类似,不过见效快,几分钟就能看到拍卖结果。聚集人气也非常迅速有效,可发现许多潜在顾客,想想办法就可以把潜在顾客变成实际顾客。

（18）发红包、抵价券,送小礼物。

（19）建立会员折扣制度。想让第一次上门的顾客变成老主顾,可以采取会员折扣,把买家设置为会员,以后来购买给优惠,这样到他下次想买这个商品的时候,自然又会到我们的店里来。

（20）访问老顾客。想让买家变成回头客,经常联系拜访是必需的,每到节日或者买家生日之类的特殊日子,一定要记得给老顾客发信息,祝福他们节日快乐。让他们感受到我们的真心、关怀和温暖,这样他们在需要购物的时候,就会自然地想起我们。长此以往,就能建立稳定的顾客群,生意才能越来越红火。

(21)"超级买家秀"。当买家收到我们发去的"宝贝"之后,要及时地与买家联系,了解他们对货物是否满意,如果不满意,则要弄清楚原因,找到解决的办法。及时的跟踪和交流能挽救很多因误会而产生的中评或者差评,保持良好的信誉;如果买家对我们的"宝贝"很满意,那我们就可以请买家们帮忙做宣传,把买到的"宝贝"到"社区"的"超级买家秀"专区去秀出来,让大家都知道我们的"宝贝"好,这就是所谓的口碑宣传,由买家写出来的使用感受更令人信服,其宣传效果比我们自己做广告要强。这个方法效果好,而且不用花钱,值得一试。

(22)建立详细的客户资料。当买家越来越多时,就需要建立完善的客户资料,不仅要记下客户买的是什么东西,还要写下什么时候买的,买了以后感觉如何,满意不满意,有哪些地方下次需要注意等信息,等下次这个买家再来的时候,就清楚地知道该怎样为这个"上帝"服务了。这样一来,才能将老客户长久地留住。

(23)到其他论坛发软广告。除了淘宝社区,其他论坛也应该多去逛逛,顺便发几个小广告,也能提高小店的知名度,为小店带来一定的客流量。不过发广告要注意,现在许多论坛都反感广告,直接去发广告会被删帖。可以采用比较含蓄的办法发广告,如写篇帖子,内容丰富一些,在其中透露广告信息,这样就大大避免了被删帖的可能。

(24)散发名片或宣传单。现在印宣传单便宜,一张只需几分钱,印好之后到潜在顾客群比较集中的地方散发,比如学校附近等。

(三)网店付费推广方式

(1)淘宝直通车。淘宝直通车是由淘宝网推出的一种搜索竞价模式,竞价结果可以显示在淘宝网上。每个"宝贝"可以设置200个关键词,关键词的价格可由卖家自己定,出价越高排名越靠前,按实际被点击次数付费。淘宝直通车是要花钱的,不宜同时给多个"宝贝"设置关键词,可以选择几个有代表性、利润空间大的"宝贝"来设置,否则钱花了却没有产生一点效果。设置好的关键词尤为重要,所谓"好的"就是会有很多客户来搜索的热门关键词,当然价格不能设置太低,太低排到后面也没用,可以适当为一个"宝贝"只设置一个热门关键词。如果不知道哪些是热门关键词,可为一个"宝贝"设置多个关键词,价格设置低点,注意观察哪些词点击率高,点击率高的自然就是热门关键词。

(2) 钻石展位。钻石展位是专为卖家推广"宝贝"而推出的广告位,我们在淘宝上看到的大多数的图片位置都属于钻石展位。它是按照展现次数来收费的,推广图片不展现就不收费;CPM(每千人成本)单价根据您的竞拍成交价来计算,可以对喜欢的展位的某个时间段的 CPM 单价进行自由出价,价格高的卖家的推广图片将被优先展示。钻石展位的竞价时间段单位为 1 小时,也就是说竞拍的实际上是某个位置某一小时内的发布权。钻石展位能不能收到效果,很大程度上取决于你的广告图片有没有吸引力,比如,你做个 1 元秒杀或是低折扣(3 折)秒杀,"宝贝"也是大众化的且质量不差,自然会收到不错的效果;如果广告内容平平,没有亮点,钱只能是白花了。要清楚,钻石展位与淘宝直通车明显的区别是,钻石展位是把"宝贝"推荐给不一定想买所展示"宝贝"的人,而淘宝直通车是把"宝贝"推荐给想买所展示"宝贝"的人,因此,没有吸引力,他们是不会点击的。

(3) 淘宝客。淘宝客是帮助淘宝卖家推广宝贝并按照成交效果获得佣金的网站。这不失为一种好的推广方法,好处是成交后卖家才向淘宝客支付佣金报酬,相当于为自己的店铺找到很多促销员。选择淘宝客关键是要看网站的日流量大不大,流量大的不但能大大提高店铺的人气,更能产生不少成交量。此外,还要有针对性,寻找有购买需求的客户常常光顾的网站,比如购物网、信宫网等。毕竟找对目标,成交率会大大提高。

(4) 超级"卖霸"。超级"卖霸"是指淘宝网根据不同卖家的不同的推广需求,制定不同的主题推广活动,把参加活动的"宝贝"集中在一个页面推广,以帮助参加活动的卖家更好地推广"宝贝"。每期主题活动一般是 7 天,活动流量 50 万人次左右,以具体活动为准;费用需要几千元,根据排名先后收费,排在先的收费高。

(5) 赞助"社区"活动。赞助"社区"活动就是为淘宝"社区"活动提供奖品,"社区"提供一个位置让你推广店铺,也就是做广告。

(6) 阿里妈妈广告投放。阿里妈妈有很多提供广告位的网站,由于这些网站规模都不大,所以广告费都不高,分为按时间收费和按点击收费两种。选择卖方网站的技巧:首先,要有针对性,就是要选择目标客户常常光顾的网站,比如打折网、信宫网;其次,选定某家网站后,查看其广告多不多,多的话肯定受欢迎,然后再在网上搜索有无作弊记录。

(7)开通旺铺。开通旺铺可以自由装修店铺,使店铺更有个性、更漂亮、更好地展示宝贝,宝贝图片也更大。淘宝网目前为扶持小卖家成长,为一钻以下信用等级的卖家免费提供旺铺基础版,因此,应及时将普通店铺升级为旺铺,并做好个性化装修设置。

四、实验方法与步骤

(一)免费推广方法

(1)设置引人注目的"宝贝"标题。标题一般应包括"品牌＋名称＋关键词＋促销"。

(2)利用淘宝论坛多发精华帖子,抢占"广告位"。

(3)充分利用"橱窗"推荐位。一些既便宜又有特点的商品一定要排在店铺推荐位上。

(4)分析网店流量,合理选择发布时间。

(5)做好友情链接。

(6)做好"宝贝"描述。描述里尽量放产品大图,图片质量高点,更能让客人感受到产品真实感;产品描述、规格、产地、功效及使用方法应注明清楚;标注其他的温馨提示类信息,如买家须知、发货方式、支付方式、联系方式,可以适当写重点。

(7)利用阿里旺旺巧推广。一定要保持阿里旺旺在线,可以立刻解答买家的问题和疑难。设置旺旺的自动回复时,可以简短地介绍一些自己新上架的"宝贝"或特色"宝贝",吸引顾客来店里参观。还可以把旺旺的签名状态设置为滚动式。

(8)利用淘宝旺铺。淘宝旺铺(个性化店铺)服务是由淘宝网提供给淘宝卖家,允许卖家使用淘宝网提供的计算机软件和网络技术,实现区别于淘宝网一般店铺展现形式的个性化店铺页面展现功能的服务。目前淘宝旺铺基础版已对一钻以下的小卖家免费。

(9)利用搜索引擎注册推广。你只需要在出现的"网址"处输入自己网店的首页地址,在"说明"处输入相关的介绍和关键字,然后单击"登录"即可。

（10）利用各大论坛推广。到各大网站的聊天室发言推广您论坛的热门主题，如网易、新浪、Tom 等门户网站的聊天室。如果不能贴网址，可把网址断开贴出来。到访问量大、人气旺盛的论坛发帖子拉人气，如天涯社区、猫扑网、19 楼等。

（11）利用博客推广。经常在自己的博客里写一些帖子，如心情故事、淘宝故事及其他有用的信息，在每个博文下面贴上自己店铺的链接。

（二）付费的推广方法

（1）开通淘宝直通车。这是按点击付费的广告推广方式，选择一两种有代表性的商品进行推广，将买家吸引到自己的网店来。网址为 http://help. alimama. com/♯!/ztc/index。

（2）发布一元起拍的拍卖物品聚焦人气。

（3）加入消费者保障服务，取得服务认证，提高网店的信用。

五、实验要求

（1）根据实验情况写出实验报告。

（2）要求实验报告记录实验的主要操作过程和结果，并通过实验谈谈自己的收获或体会、建议等。

（3）该实验报告考核评价要求内容完整，包括实验的操作过程、结果和体会。

六、思考题

（1）网店营销推广可以使用哪些免费的推广方法？

（2）如何有效利用淘宝直通车进行推广？

实验十六　网店运营管理

一、实验目的

通过与买家及时友好地沟通赢得顾客信任，扩大网站交易额，提升网店信用等级，努力实现网店盈利。

二、实验内容

(1) 沟通洽谈；

(2) 及时发货；

(3) 注重信用积累；

(4) 做好售后服务；

(5) 盈亏核算，及时调整经营策略。

三、实验知识准备

做好运营管理，及时调整经营策略，做好客户服务，都是网店成功的关键。

（一）定义

网店运营是指在电子商务体系中一切与网店的运作管理有关的工作，也可以称为网店运作、网店营运，主要包括网店流量监控分析、目标用户行为研究、网店日常更新及内容编辑、网络营销策划及推广等。

（二）网店运营的意义

建网店的目的是希望它逐步发展，市场的占有率越来越高，实现利润的回报，谁也不希望网店开起来之后，变成一个"死店"，从这个意义上说，网店若想得到好的回报，就应当进行运营，而且是科学的运营。

（三）网店运营的内容

网店运营的内容简单来说可以分为基础性的工作和推广性的工作两大类。基础性的工作包括起店名、编写"宝贝"标题、编写"宝贝"细节描述、装修店铺、店铺日常的维护和产品的更新工作；推广性的工作包括促销活动的设计、网店的推广等。

（四）网店运营主要项目

网店运营主要项目包括：网店前期策划，网店模板设计，网店装修，"宝贝"文案设计，店外常规推广，"宝贝"排名优化，网店数据统计，网店流量分析，网店广告投放。

（五）网店运营的标准

(1) 以网店帮助企业或个人实现良好盈利目标为网店建设的方向。营销型的网店一定是为了满足企业或个人的某些方面的网店运营功能，比如面向客户服务为主的企业网站营销功能，以销售为主的企业网站营销功能，以国际市场开发为主的企业网站营销功能，以上简单列举均是以实现企业的经营目标为核心，从而通过网站这样的工具来实现其网站营销的价值。

（2）以良好的"宝贝"搜索排名为目标。企业或者个人的网店另一个重要功能就是实现良好的"宝贝"搜索排名，而各大购物平台内部的默认"宝贝"搜索排名是目前吸引网民购买"宝贝"最重要的方法，如果企业或者个人的网店无法通过"宝贝"优化获得良好排名，营销效果会大打折扣，所以营销型网店必然要解决"宝贝"排名优化的问题，也可以理解为搜索引擎优化的工作。在营销型网店解决方案中，"宝贝"优化工作为基础和长期的工作，从网店的策划阶段乃至从网店运营的战略规划阶段就已经开始，而其又贯穿于网店的整个运营过程中。

（3）不断努力提高良好的客户体验。网店最终面对的是潜在客户与客户或者与本公司业务有关联的任何组织和个人，如何不断提升网店的客户体验是营销型网店必须考虑的重要问题。

（4）高度重视细节。细节本身也是客户体验中一个重要的元素，曰于其重要性所以单独将其作为营销型网店的一个因素。在策划执行、内容维护等方方面面都要重视细节，所谓细节决定成败！

（5）高效的网店监控与管理。没有高效的监控与管理就像是没有眼睛的苍蝇，很容易迷失方向，走很多弯路，尤其是在网店运营这方面，每天都要对销售数据进行分析，针对相应的问题及时做好调整；要对网店技术数据进行分析，努力改进网店用户体验，不断加强网店黏性，培养客户忠诚度。

（六）网店运营的重点

（1）货好还须巧打扮。网上购物，大家青睐有名气、有实力的网上商家。如果网店本身就有固定经营地址，你不妨把现实公司的信誉转移到网上来，将公司的办公场地、厂房等硬件，以及消费者协会等部门颁发的荣誉证书展示于网页上，消费者对你的信任会更强。同时，消费者见不到商品实物，一般是要靠货物图片决定购物意向，一幅模模糊糊、花里胡哨的商品图很难引起人们的兴趣。所以，网页上的商品图片一定要用分辨率高的数码相机，找准角度，再配以适当的灯光和布景进行拍摄，或者干脆花钱请专业广告摄影人员对商品进行"包装"。这样，在保证物美价廉的情况下你就不愁消费者不掏腰包。

（2）与客户沟通很重要。如果有客户询价，一定要热情耐心地做好沟通服务，及时回答客户提问。一旦有成交，必须用最快的速度处理订单，并按照服务流程为客户提供优质服务。如果你承诺 24 小时之内送货上门，那就绝对不能用 25 小时。一笔交易完成，除了获得一笔利润之外，客户的联系电话、电子信箱等信息也是一笔"无形财富"，你可以充分利用这些信息对客户进行跟踪式服务。比如询问客户是否在规定时间内收到货物；隔上几天再用电子邮件、电话、短信等形式询问客户对所购商品是否满意，并可借机介绍你的新产品。对购物一定金额以上的客户你还可以赠送贵宾卡，给予适当优惠，让客户感受到你的重视，而一旦习惯了你的服务，这些客户将是你利润的源泉。

（3）信誉是个无价宝。诚信经营是任何经济行为必须遵循的法则。相对实体店铺来说，诚信更是网店的生命。现在个别经营者认为网店的远程服务是"一锤子买卖"，网上配送又不是当面交易，即使有点质量问题或短斤少两，消费者也无可奈何，所以在经营中一切从利润出发，忽视了企业信誉。中国有句老话叫"店欺客一时，客欺店一世"，网上购物受一些客观因素的局限，消费者有可能上当，但他们绝对不会上第二次当，商家在赢得眼前小利的同时，也就永远失去了这个客户。所以，网店在组织货源、货物发送等环节要确保货物质量，宁可不挣钱也不能让假冒伪劣产品、残次品流向消费者。只有形成了诚信经营的良好口碑，网店才能取得长足的发展。

（4）店小也要严管理。网上店铺的员工虽然不多，但也要以人为本，建立科学的管理机制和激励机制。不妨在网站上设立一个"服务台"，展示店主和员工的照片、视频，注明员工的服务星级，让客户自己选择服务人员，这样能激励员工干好工作、提高服务质量。同时，也要设立"投诉台"，公布投诉电话和管理者信箱，当消费者对服务不满意时，可以方便、顺畅地向管理层反映，从而不断改进网店的服务。严格的制度、科学的管理，会让你的网店更具生命力。

四、实验方法与步骤

（一）沟通洽谈

正式发布"宝贝"后即进入拍卖过程。通过阿里旺旺实时沟通工具（见图 5－28）及时回答买家的询问。拍卖时间结束，如有成交，应及时与买家联系付款和发货事宜,核对送货地址和联系电话。

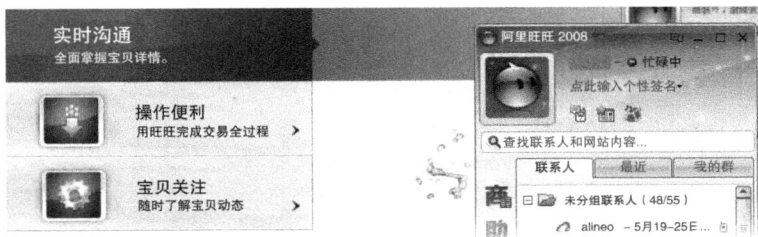

图 5 - 28　阿里旺旺沟通工具

（二）及时发货

商品发布后如有成交,在等待买家付款后,卖家要及时地进行发货。如选择淘宝推荐的物流,则可以直接在网上进行发货操作。

发货流程如该链接所示：http://www.taobao.com/help/sell_step4_01.html。

（1）登录"我的淘宝",点击"已卖出的宝贝",如图 5 - 29 所示。

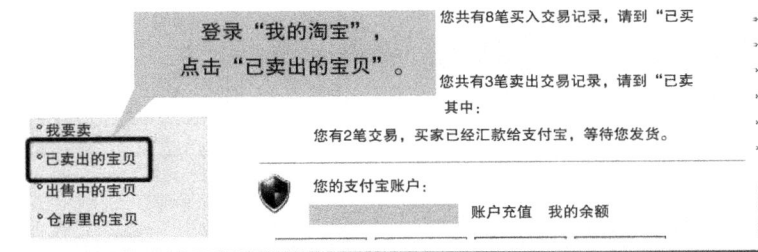

图 5 - 29　查看"已卖出的宝贝"

（2）找到需要发货的订单,点击"发货",如图 5 - 30 所示。

图 5 - 30　发货

（3）选择物流公司，如图5-31所示。

（4）在物流公司收取货物后，填写物流单号，完成发货操作，如图5-32所示。

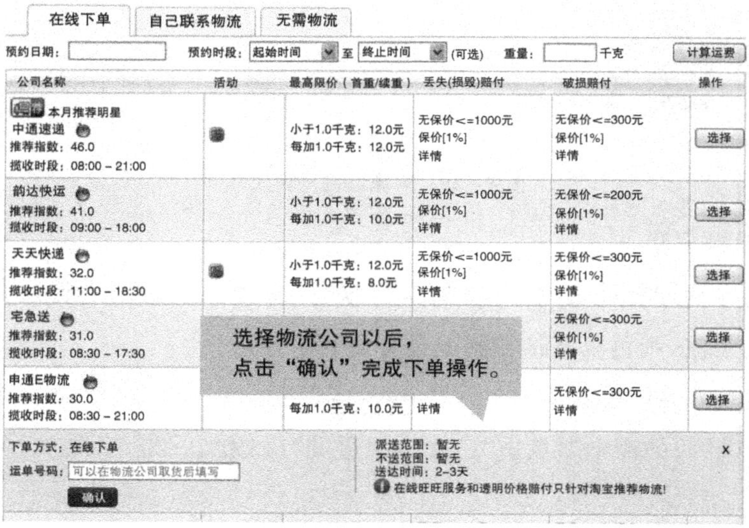

图5-31　选择物流公司

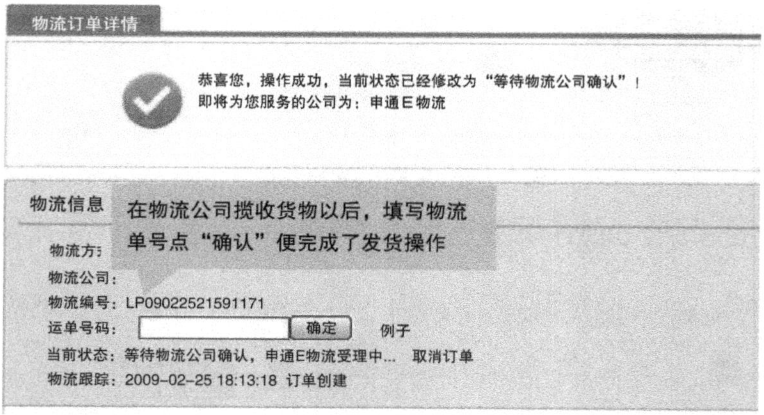

图5-32　填写物流信息

（三）注重信用评价

买家如果有不满意而给了差评或中评，要耐心地与其沟通，提供有诚意的解决方案，取得对方谅解，通过良好的服务希望对方能修改评价。

信用评价操作流程如该链接所示：http://www.taobao.com/help/sell_step5_01.html。

（1）交易成功后，及时为买家做出信用评价，如图5-33所示。

图5-33 信用评价

（2）填写评价内容后提交，完成评价，如图5-34所示。

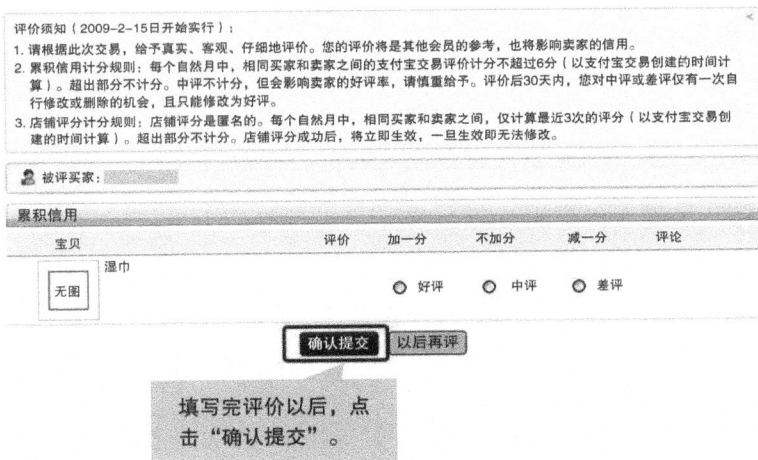

图5-34 评价填写与提交

（四）做好售后服务

完善周到的售后服务是生意保持经久不衰的非常重要的筹码，应与不同的客户保持联系，做好客户管理工作。如通过阿里旺旺经常给老客户发送一些优惠促销信息，或询问客户对已买物品的使用情况等。

（五）重视网店数据分析和优化

通过量子恒道和数据魔方软件，分析网店数据。统计分析关键词的平均搜索排名、展现量、点击量、访客数、跳失率、用户数、成交转化率、客单价等数据指标的变化,根据分析结果调整相应的经营策略。

（六）盈亏核算,及时调整经营策略

通过一定时期的推广和销售,要定期进行盈亏核算,避免亏本经营。如果一段时间经营不理想,要分析原因,及时调整经营策略,如加大价格促销力度、调整推广策略、选择合适的物品销售等。

五、实验要求

（1）根据实验情况写出实验报告。

（2）要求实验报告记录实验的主要操作过程和结果,并通过实验谈谈自己的收获或体会、建议等。

（3）该实验报告考核评价要求内容完整,包括实验的操作过程、结果和体会。

六、思考题

（1）大学生在淘宝上开网店创业有哪些优劣势？

（2）为什么说做好沟通服务对网店经营具有重要意义？

（3）如何开展网店的数据分析？

附　　件

附件1 《电子商务基础》理论教学大纲

一、课程概况（Course Overview）

课程名称：电子商务基础

Course：E-commerce Foundation

课程编号：

Course Number：

适用学生：经济管理学科各专业

Designed for：Students of Economy and
Management Specialty

学　　分：2

Credit：2

学　　时：32

Class Hour：32

预修课程：计算机基础、信息技术

Preparatory Courses：Computer Basics，Information Technology

二、课程简介（Course Descriptions）

本课程主要使学生从整体上了解电子商务的基本内容，认识电子商务的发展趋势、电子商务运作的社会环境和技术环境，掌握电子商务的基本理论、基本商业模式及其运作管理、网络营销策略与方法，掌握电子支付的理论与流程、网络交易安全的基本思路与方法、物流基本原理等内容。通过本课程的学习，应当使学生树立牢固的专业思想，并通过相关实验培养学生独立从事电子商务活动的综合能力，同时能够为进一步学习电子商务专业的其他课程打下理论基础。

This course is to enable students to understand the whole basic content of e-commerce，to understand the development trend of e-commerce，the social environment and technological environment of e-commerce operation，to master the basic theory and the basic business model of e-commerce，to master the strategies and methods of e-commerce operation management and network marketing，and to master the theory and process of electronic payment，the basic ideas and methods of internet transaction security，the basic principles of logistics and so on. This course should enable students to establish solid professional thinking，and foster students' comprehensive capacity to work on e-commerce activities independently through experiments，and lay a theoretical foundation for further study in other e-commerce courses.

该课程的特点是实践性比较强，因此要求学生在学习本门课程时应紧紧围绕电子商务的实践，结合网络的特点，理解电子商务的特点及其与传统商务活动的区别，能够充分利用网络优势提高从事商务活动的技巧与发现商业机会的能力，掌握利用电子商务开展商务运作的基本理论和方法。

The characteristic of this course is strong practicality. In the process of learning this course，students should focus on the practice of e-commerce. Students should understand the features of e-commerce and its differences with traditional business activities according to the characteristics of the network. Students should take full advantage of advantages of business activities to improve the skills of e-commerce activities and the ability to find business opportunities. Students should master the basic theories and methods of e-commerce to carry out business operation.

三、教学内容与教学安排（Course Content and Arrangement）

教学章节 Chapters and Sections	教学目标 Teaching Aims	教学方式 （讲授、示范操作、指导 参观、课堂讨论等） Teaching Methods	学时安排 Class Hour
第1章　电子商务概述	了解电子商务产生的背景和含义，明确电子商务的一般框架与主要功能，认识电子商务的主要商业模式及发展趋势，分析电子商务的影响及效益，并初步认识物联网和移动电子商务的发展趋势。	讲授、讨论	4
第2章　网络营销	了解网络营销的含义、网络营销与传统市场营销的关系，理解网络营销的基本内容，掌握网站推广的主要方式、方法，明确网络广告的特点、分类和主要发布途径，分析网络销售渠道管理的策略。	讲授	4
第3章　网上商店	要求分析网络消费者行为，了解电子商店的产生与形式，明确电子商店的构成、功能与网上购物流程，掌握电子商店的经营与管理。	讲授	4
第4章　网上拍卖	了解网上拍卖的概念、形式及类型，掌握网上拍卖的具体流程，分析拍卖网站的信用机制与盈利模式，学会网上开店及基本管理。	讲授、示范操作	4
第5章　企业间电子商务	理解企业间电子商务的内涵、优势，掌握主要B2B模式的功能与应用，明确EDI的概念和EDI系统的组成。	讲授	4
第6章　网上银行与网上支付	了解网上银行的发展与应用，学会网上银行的申请与使用，理解电子货币与电子支付的概念与主要形式，掌握网上支付、第三方支付、移动支付的主要内容和流程。	讲授、示范操作	4

教学章节 Chapters and Sections	教学目标 Teaching Aims	教学方式 （讲授、示范操作、指导 参观、课堂讨论等） Teaching Methods	学时安排 Class Hour
第 7 章　物流与供应链管理	理解物流管理与供应链管理的概念与基本内容，明确供应链管理与物流管理的关系，掌握第三方物流的成因、特征和主要模式，了解主要的供应链管理技术。	讲授	4
第 8 章　电子商务安全管理	认识电子商务交易过程的安全需求，明确电子商务主要安全技术的原理与流程，了解电子商务安全协议。	讲授	4
总　　计			32

四、推荐教材及参考书目（Recommended Teaching Materials and Reference Books）

1. 推荐教材（Recommended Teaching Materials）：

黄海滨.新编电子商务教程［M］.上海：上海财经大学出版社，2011.

2. 参考书目（Reference Books）：

仝新顺，王初建，于博.电子商务概论［M］.北京：清华大学出版社，2010.

五、考核与评价方式（Course Evaluation）

闭卷考试，成绩占总评 50％，平时作业与实验占 40％，出勤与课堂表现占 10％。

附件2 《电子商务基础》实验教学大纲

一、课程概况（Course Overview）

课程名称：电子商务基础

Course：E-commerce Foundation

课程编号： 适用学生：经济管理学科各专业

Course Number： Designed for：Students of Economy and
Management Specialty

学　　分：2　　学　　时：32　　独立设课：否

Credit：2　　Class Hour：32　　Independent Course：no

预修课程：计算机基础、信息技术

Preparatory Courses：Computer Basics，Information Technology

二、课程简介（Course Descriptions）

本课程主要使学生从整体上了解电子商务的基本内容，认识电子商务的发展趋势、电子商务运作的社会环境和技术环境，掌握电子商务的基本理论、基本商业模式及其运作管理、网络营销策略与方法，掌握电子支付的理论与流程、网络交易安全的基本思路与方法、物流基本原理等内容。

This course is to enable students to understand the whole basic content of e-commerce，to understand the development trend of e-commerce，the social environment and technological environment of e-commerce operation，to master the basic theory and the basic business model of e-commerce，to master the strategies and methods of e-commerce operation management and network marketing，and to master the theory and process of electronic payment，the basic ideas and methods of internet transaction security，the basic principles of logistics and so on.

127

　　该课程的特点是实践性比较强,因此要求学生在学习本门课程时应紧紧围绕电子商务的实践,结合网络的特点,理解电子商务的特点及其与传统商务活动的区别,掌握网络购物、网上拍卖、网上银行及网上支付的应用流程,体验网上创业过程,认识电子商务安全技术与管理,能够充分利用网络优势提高从事商务活动的技巧与发现商业机会的能力,掌握利用电子商务开展商务运作的基本理论和方法。

　　The characteristic of this course is strong practicality. In the process of learning this course, students should focus on the practice of e-commerce. Students should understand the features of e-commerce and its differences with traditional business activities according to the characteristics of the network. Students should master the application process of online auction, online banking and online payment. Students should explore online entrepreneurial process and know e-commerce security technology and management. Students should take full advantage of advantages of business activities to improve the skills of e-commerce activities and the ability to find business opportunities. Students should master the basic theories and methods of e-commerce to carry out business operation.

三、实验项目一览表(Experiment Project Schedule)

序号 No.	实验名称 Name	每组人数 Number of Students of Each Group	实验 时数 Hours	实验类型 验证／创新／设计 Experiment Type Verifying/Innovate/ Design	必做／选做 Required Course /Elective Course
1	个人网上银行	1	1	验证实验	必做
2	企业网上银行	1	1	验证实验	必做
3	第三方支付	1	1	验证实验	必做
4	新型互联网金融及理财	1	1	设计实验	必做
5	电子商务物流服务	1	1	验证实验	必做
6	电子商务安全	1	1	验证实验	必做
7	商务信息检索	1	1	验证实验	必做
8	网络广告与网络营销	1	1	设计实验	必做

序号 No.	实验名称 Name	每组人数 Number of Students of Each Group	实验 时数 Hours	实验类型 验证／创新／设计 Experiment Type Verifying/Innovate/ Design	必做／选做 Required Course /Elective Course
9	B2C 网上购物	1	1	验证实验	必做
10	B2B 网上贸易	1	1	设计实验	必做
11	C2C 网上拍卖	1	1	验证实验	必做
12	网络团购	1	1	验证实验	必做
13	网店开设	2	4	创新实验	必做
14	网店装修	2	4	设计实验	必做
15	网店推广	2	4	创新实验	必做
16	网店运营管理	2	8	创新实验	必做
合 计			32		

四、推荐教材及参考书目（Recommended Teaching Materials and Reference Books）

1. 推荐教材（Recommended Teaching Materials）：

黄海滨.新编电子商务教程[M].上海：上海财经大学出版社,2011.

2. 参考书目（Reference Books）：

仝新顺,王初建,于博.电子商务概论[M].北京：清华大学出版社,2010.

五、考核与评价方式（Course Evaluation）

实验考核方式应根据实验操作情况、实验报告内容、实验结果进行综合评分。

评分方法：实验态度和实验报告内容占70％,实验结果占30％,实验报告完全雷同者不给分。

实验成绩占课程成绩的比例：一般占30％。

参 考 文 献

［1］黄海滨.新编电子商务教程［M］.上海：上海财经大学出版社,2011.

［2］喻光继,谭红杨.电子商务模拟与实验［M］.北京：北京大学出版社,2008.

［3］杨坚争.电子商务实验教程［M］.2版.北京：中国人民大学出版社,2006.